Château vieux.
Château neuf
Chaloupe.
Galiotte.
Vaisseau du Doge.
Gondole de particuliers
Gondole de louage

Couverture et dos :
Canaletto : Le Bassin de Saint-Marc
Musée du Louvre, RMN

Pages 132/133 :
Canaletto : Le Bassin de Saint-Marc
Milan, Pinacothèque de Brera, Dagli Orti

Gardes :
"Solemnité du Bucentaure qui se célèbre à Venise le jour de l'Ascension"

Pages 6/7 :
Guardi : Le doge offre à déjeuner aux ambassadeurs
Musée du Louvre, RMN

Page 8 :
La Douane de mer
Slide/Viewfinder

Page 11 :
Description de la Seigneurie de Venise, miniature française du XVe siècle
Dagli Orti

ISBN : 2-907670-08
ISSN : 1158-4386
Dépôt légal 3e trimestre 1994
Imprimé en Italie

Crédit photographique :

Ce livre a été réalisé avec le concours de l'agence **Slide** pour les pages suivantes :
Slide/ACE : 34/35 ;
Slide/Cash : 65, 98/99 ;
Slide/Dagherrotipo : 40 ;
Slide/Fejoz : 108, 109, 110/111 ;
Slide/Focus : 49, 51, 63, 107 ;
Slide/Lade : 36/37 ;
Slide/Petri : 71, 94/95 ;
Slide/Rainer Binder : 41 ;
Slide/Scholey : 52/53 ;
Slide/Steffens : 39, 56/57, 59, 66/67, 68/69, 72/73, 74/75, 112 ;
Slide/ TPL : 14/15 ;
Slide/ Viewfinder : 8.

Dagli Orti : 11, 16/17, 18/19, 20/21, 24/25, 26/27, 32, 44/45, 46/47, 48/49, 60/61, 76/77, 79, 80/81, 83, 87, 88/89, 93, 100/101, 129, 132/133.

Réunion des Musées Nationaux : 1, 6/7, 22/23, 84/85, 91, 96/97, 100/101, 136.

Bibliothèque Nationale de France : 13, 29.

Pierre Boussier : 54/55.

Ciné Plus : 105.

Archives Alain Boumier : 33.

Archives Philippe Piguet : 103.

Texte : Robert de Laroche

Collaboration : F.B.

Splendeurs de VENISE

Robert de Laroche

Préface
Jean d'Ormesson

collection
SPLENDEURS

Splendeurs de VENISE

PRÉFACE

Venise est la plus célèbre, la plus belle, la plus invraisemblable, la plus triste et la plus gaie de toutes les villes du monde. Les lions y ont des ailes et les pigeons y vont à pied. Elle a su concilier la grandeur et le libertinage, l'aristocratie la plus fermée et la démocratie conquérante, elle a inventé l'impôt sur le revenu. La mort y règne, et les masques. Les peintres viennent y peindre, les amants s'aimer et souffrir. On voit des Japonais devant la Madonna dell'Orto et sur les Zattere. Il faut marcher dix minutes pour serrer la main d'un ami aperçu tout à coup de l'autre côté de la rue. Pas d'écrivain, pas de musicien, pas de sculpteur ou de peintre qui n'ait passé à Venise et qui n'ait laissé quelques mots sur la ville de marbre et d'eau

"Dans Venise la Rouge,
Pas un bateau qui bouge..."
ou
"C'est la plus triomphante rue que je crois être dans le monde..."
ou
"Venise chante à l'Adriatique, qui la baigne d'un flot débile,
son éternel opéra."

Les poètes viennent y mourir ou y nager ou tracer dans le sable du Lido le nom de la femme qu'ils ont aimée. Toujours en train de disparaître, Venise est immortelle. Elle est le rêve le plus réussi de toute l'histoire des hommes.

Jean d'ORMESSON
de l'Académie française

SOMMAIRE

PRÉFACE de Jean d'Ormesson *9*

VENISE : HISTOIRE D'UNE CITÉ *12-37*

Les origines : légende et réalité 12-17
La Sérénissime République 18-25
Le génie du commerce et des affaires 26-29
Plus dure sera la chute 30-33
Venise aujourd'hui 34-37

LES TRÉSORS DE VENISE *38-89*

Sous l'influence de Byzance 38-47
Métamorphoses de la cité 48-61
Les fastes de la Renaissance 62-69
Entre baroque et néo-classicisme 70-75
La peinture : noces de la lumière et de la couleur 76-89

L'ESPRIT DE VENISE *90-101*

Des artisans hors pair 90-91
La cité de toutes les fêtes 92-97
Une atmosphère variée à l'infini 98-101

VENISE, PÔLE CULTUREL *102-105*

Un miroir pour les écrivains 102-104
Pour l'amour de l'art 104-105

TRADITIONS ET FASTES DU CARNAVAL *106-111*

Carnaval d'hier... 106-109
... et d'aujourd'hui 110-111

GRAVURES DE CANALETTO ET MARIESCHI *113-128*

BIBLIOGRAPHIE *132-133*

VENISE : HISTOIRE D'UNE CITÉ

Les origines : légende et réalité

Un mirage qui tient ses promesses : ainsi apparaît Venise au visiteur qui l'approche, quel que soit le moyen de transport qu'il ait choisi. Il y a dans l'apparition lointaine de la cité des eaux, nimbée de brume ou conque auréolée de soleil incendiant l'ocre de ses toitures, l'annonce d'un prodige. Soudain, vous voilà perdu dans un dédale de ruelles qui s'ouvrent à l'improviste sur une église ou un palais, ou bien descendant en bateau le long du Grand Canal que ***Commynes*** appelait à la fin du XVe siècle "la plus belle rue que je crois qui soit en tout le monde, et la mieux maisonnée..."

A portée de l'œil, le mirage vénitien demeure tangible, prend possession de vous, enflamme votre imagination, vous incitant à de longues rêveries, à d'interminables marches dans l'espoir illusoire de tout saisir de ces merveilles ! Inutile de vous désespérer : on revient toujours à Venise...

Une lagune inhospitalière

La plus belle ville du monde est née des noces improbables de l'eau et de la boue. Monuments et demeures de la cité des doges se dressent comme par enchantement sur un sol mouvant en proie aux caprices des marées, dans un site que l'on aurait cru propre à rebuter toute tentative d'urbanisation : la lagune, étendue d'îlots, de bancs de sable et de marécages disséminés au milieu d'étangs d'eau saumâtre, et protégés de la mer Adriatique par plusieurs cordons littoraux appelés lidos.

De l'embouchure du Pô à celle de l'Isonzo, plusieurs lagunes existaient autrefois, dont subsistent celles de Grado et de Venise. Etranges paysages, formés par l'action conjuguée des fleuves côtiers charriant détritus et alluvions, des tempêtes subites et violentes de l'Adriatique et du mouvement d'un sol de nature volcanique. On ne pouvait imaginer lieu plus désolé et sauvage pour y fonder la cité qui allait devenir une des plus grandes puissances militaires et commerciales du monde chrétien et rayonner dans le monde, au fil des siècles, grâce à un immense empire colonial.

Une légende a fait venir les Vénètes de Bretagne ou de la Baltique. La population originelle de la lagune était probablement issue des environs : monts Euganéens, Asiago, environs de Vérone, d'Asolo et du Vicentin, de Trieste. Vivant en petites colonies sur certains îlots, dans des cabanes de roseaux tressés et de bois posées sur des pilotis, les Vénètes, civilisation paysanne parlant une langue indo-européenne, pratiquaient la pêche et la chasse (poisson et gibier abondent dans la lagune), les cultures maraîchères, récoltaient le sel et commerçaient par bateau avec les cités voisines, comme Aquilée, Altinum, Grado ou Chioggia.

Un refuge contre les envahisseurs

Vivant en paix sous la domination romaine, les lagunaires vont connaître une succession d'invasions dont le résultat sera la naissance de Venise, car les habitants de la terre ferme, cherchant refuge, s'y fixeront parfois. Ce sont d'abord les Quades, les Marcomans et les Sarmates qui assiègent Aquilée en 168, puis les Wisigoths, menés par ***Alaric***, en 402. En 452, les Huns d'***Attila*** saccagent Aquilée, Concordia et Altinum. Chaque invasion est marquée, après les

combats, par le reflux des belligérants. Ce ne sera pas le cas lorsque déferleront les Goths et les Ostrogoths, dont le chef, ***Théodoric***, se sacre roi de Ravenne en 493. Depuis 476, l'empire romain d'Occident est arrivé à sa fin. Ce sont donc les Byzantins qui se chargent de défaire les Ostrogoths, et la province est placée sous l'autorité de l'exarchat de Ravenne, quand surviennent d'autres envahisseurs plus redoutables, les Lombards (568), accompagnés de Saxons et de Slaves, bien décidés eux aussi à rester en Vénétie.

La lagune – obstacle infranchissable pour des soldats habitués à guerroyer sur la terre ferme – voit sa population se développer. Sans doute Torcello est-elle une des premières îles où se rassemble une vraie communauté. Le plus ancien témoignage que l'on possède est la pierre de fondation de sa cathédrale, datée de 639. Les institutions civiles, militaires et religieuses se joignent aux pêcheurs et aux paysans, dans une cité nouvelle, appelée justement Cittanova ou Héraclée.

En 697 a lieu l'élection de celui que l'Histoire retient comme le premier doge (du latin *dux*), ***Paoluccio Anafesto***. Peut-être s'agit-il encore simplement d'un haut fonctionnaire de la province aux ordres de Ravenne ? Les rapports avec Byzance sont parfois tendus, en particulier lorsque l'empereur ***Léon III l'Isaurien*** interdit en 726 le culte des images saintes. La révolte iconoclaste éclate, le gouvernement se transporte d'Héraclée à Malamocco, sur un des lidos, un doge "vénitien" est nommé par l'armée, qui finira par se soumettre à l'Empire. Au sein des propriétaires terriens, divers clans ne cessent de lutter pour tenter d'instaurer une sorte de monarchie héréditaire. Pendant ce temps, appelés par le pape, les Francs menés par ***Pépin*** défont les Lombards, tandis que ***Charlemagne*** songe à annexer la Vénétie. Les Vénètes, regroupés au Rialto, résistent farouchement aux assauts des Francs : la lagune demeure sous la souveraineté de Byzance.

Venise et sa lagune

Immuable cité des doges : le visiteur du XXe siècle pourrait assez facilement s'y diriger en s'aidant d'un des nombreux plans anciens ou de peintures, montrant une Venise et ses environs dont la physionomie était assez proche de celle que nous connaissons aujourd'hui.

Sous le signe de saint Marc

Si l'on en croit la légende, la naissance mythique de Venise remonterait au 25 mars 421. Les premières cabanes y furent bâties sur les îlots formant le *rivus altus*, ou Rialto. Ce lieu englobait alors l'actuel *sestier* (c'est ainsi qu'on nomme chacun des six quartiers de Venise depuis le XIIe siècle) du Rialto et celui de San Marco. Plus tard, un château va s'élever à Olivolo (l'actuel *sestier* de Castello) de même que la **cathédrale San Pietro** (775), siège du patriarcat jusqu'en 1808. C'est en 811 que le doge ***Agnello Partecipazio*** s'installe au Rialto, y établissant son palais, signant ainsi le véritable acte de naissance de Venise. Il ne manquait plus qu'une approbation céleste pour confirmer ce choix : en 828, deux marchands vénitiens, ***Rustico*** de Torcello et ***Buono Tribuno*** de Malamocco dérobent à Alexandrie, en Egypte, le corps momifié de ***saint Marc*** qu'ils transportent, caché sous des quartiers de porc pour éviter d'attirer l'attention des musulmans. Les reliques de l'Evangéliste sont accueillies triomphalement par l'évêque d'Olivolo, le patriarche de Grado et le doge ***Justinien Partecipazio,*** qui ordonne la construction d'une chapelle pour les recevoir : c'est l'origine de la **basilique Saint-Marc**.

Désormais, supplantant l'obscur ***Théodore*** – saint guerrier byzantin que l'on voit encore en compagnie de son crocodile sur une des deux colonnes de la **Piazzetta** –, ***saint Marc*** devient le patron de Venise, et son lion ailé, qui figure sur de très nombreux monuments de la ville, en symbolisera la puissance. Le lion tient dans sa patte un livre ouvert – l'Evangile – et la devise *"Pax tibi, Marce, Evangelista meus"* (La paix soit avec toi, Marc, mon Evangéliste) rappelle la légende qui veut qu'un ange ait signifié au saint par ces mots, de son vivant, qu'il ne trouverait le repos définitif qu'une fois parvenu sur les îles réaltines. En termes politiques et religieux, ***Marc*** supplantant ***Théodore,*** c'est déjà l'affirmation d'une indépendance spirituelle vis-à-vis de l'Orient, et la volonté de se détacher de la tutelle des patriarches de Grado et Aquilée – ce qui n'interviendra qu'au XVe siècle. Mais dès 840, le pacte de ***Lothaire*** confirme – après la paix de ***Nicéphore*** (814) – l'autonomie de Venise entre les empires byzantin et franc.

Saint Marc domine sa basilique

La statue de l'Evangéliste, due à Nicolo Lamberti, domine le couronnement gothique de la basilique, œuvre des frères Dalle Masegne commencée en 1385.

Une urbanisation singulière

Venise aux IXe et Xe siècles ? Des îles que l'on assainit et assèche mais où subsistent quelques étangs *(piscine)* et marécages où poussent les roseaux (un des *sestiers* de Venise se nomme de manière significative Cannaregio), et dont on assure les berges en y enfouissant des pieux et des joncs tressés (le nom des *zattere*, quais faisant face à la Giudecca, vient de *zatterone*, radeau de bois tressé) ; des maisons de bois et de torchis au toit de chaume, parfois parées d'éléments décoratifs anciens apportés de Torcello, d'Héraclée ou de Costanziaca, possédant déjà une porte donnant sur un canal et l'autre vers la rue ; des jardins et des vignes ; des églises modestes, parmi lesquelles **Santa Maria Zobenigo** (Sainte-Marie-au-Lys), **San Zan Degolà** (San Giovanni Decollato) et **San Giacomo di Rialto**, des chapelles, des entrepôts, et la forteresse ducale.

La physionomie de la Venise future est reconnaissable, avec la courbe laissée par un ancien fleuve côtier qui forme le Grand Canal. Cette voie d'eau est protégée par des chaînes à la pointe qu'occupe à présent la **Douane de mer**, tandis qu'une muraille assure la défense du centre de la cité. Au sud, le canal de Vigano creuse un bras assez large entre Dorsoduro et Spinalonga – que l'on appellera plus tard, tout comme ce canal, la Giudecca. L'habitat où le bois domine devient facilement la proie des flammes, à diverses reprises, notamment en 976, lors de la révolte contre le doge ***Candiano***.

Venise, tel le phénix, en renaît toujours plus belle, et les nouvelles habitations des patriciens seront construites en brique et rehaussées de pierre blanche venue des côtes d'Istrie. Il importe de bâtir le plus légèrement possible.

Dans le sol boueux, les charpentiers commencent par enfouir des troncs de conifères, réputés imputrescibles, qui se fixent dans l'argile du sous-sol. Maisons, palais et églises sont ensuite construits en brique – le matériau le plus léger – puis les façades sont plaquées de pierre d'Istrie, de marbre, de porphyre ou de serpentine, décorées de sculptures, sans que l'ensemble s'avère trop pesant. Ainsi Venise se reconstruit-elle après l'an 1000, les riches demeures des premières grandes familles – conçues aussi bien pour l'apparat que pour le commerce – s'établissant à proximité du **palais Ducal**, le long du Grand Canal. Très tôt, ces habitations sont bâties sur un modèle qui restera immuable jusqu'à la Renaissance : la *casa fondaco*, la maison-comptoir.

Remarquons à cette occasion qu'à Venise, traditionnellement, le terme de *Palazzo* (palais) n'est employé que pour désigner le **palais des Doges**, les palais des gentilshommes n'ayant droit, par respect, qu'à celui de *Casa* (et son abréviation, *Ca'*, maison), de même que le terme de *Piazza* indique explicitement la **place Saint-Marc**, les autres places étant, suivant l'importance de leur superficie, *campo* ou *campiello*.

Circulation intense

Dans Venise, on circule à pied ou à cheval. Les premiers ponts sont plats pour la plupart, et en bois. Afin de permettre le passage des bateaux, ils seront reconstruits en dos d'âne, à partir du XIIIe siècle, et les chevaux – qui provoquaient parfois des accidents de circulation ! – n'auront plus droit de cité. Témoin de cette époque révolue, le nom du pont de la Paille, où les conseillers étaient priés d'attacher leur monture pour se rendre au palais Ducal sans créer d'incident sur la Piazza ! Nous sommes encore très loin de la configuration actuelle de Venise, où l'on recense cent soixante-dix-sept canaux, cent dix-huit îles et quatre cents ponts…

La *casa fondaco* possède toujours une entrée majestueuse (*andron*) sur un canal, permettant de charger ou décharger des marchandises que l'on stocke dans les magasins et remises du rez-de-chaussée, où se traitent également les affaires. La seconde porte ouvre sur une cour possédant souvent une citerne surmontée d'une margelle de pierre sculptée, et donnant sur une rue. Au premier étage du palais, la salle de réception *(portego),* éclairée par de grandes baies accolées, occupe l'espace central. Elle est entourée des pièces d'habitation. Le deuxième étage, plus modeste, est réservé aux domestiques et aux personnes employées par le commerce.

Ce type de demeure, dont on voit de nombreux exemples le long du Grand Canal, se modifie au XVIe siècle, la notion d'apparat l'emportant pour les nobles vénitiens sur l'aspect fonctionnel des origines.

Du XVIe siècle au XVIIIe siècle, les grandes familles de Venise, prenant l'habitude de partir l'été en villégiature dans la campagne environnante, aux abords de la Brenta, s'y feront construire de magnifiques villas. Les plus étonnantes sont l'œuvre d'***Andrea Palladio*** (1508-1580), dont le chef-d'œuvre est sans doute le **théâtre Olympique** de Vicence.

La Sérénissime République

Un prodigieux arsenal

Une cité dans la cité

Sur ce plan du XVIe siècle, on voit toute l'importance prise par l'Arsenal, capable de mettre en chantier et d'abriter une flotte considérable. De nos jours, l'Arsenal, zone militaire, ne peut être traversé qu'en empruntant la ligne circulaire des vaporetti.

Résolument tournée vers la mer, Venise poursuit pendant plusieurs siècles une politique d'expansion qui lui assurera progressivement la maîtrise du bassin méditerranéen, et ce en s'appuyant sur une flotte extrêmement développée et efficace. L'**Arsenal** est créé sur l'ordre du doge ***Ordelaf Falier*** en 1104 sur l'emplacement de deux îles qui font face à Olivolo, les Gemelle. Dans un premier temps, c'est avant tout une base navale où l'on radoube les navires, un entrepôt d'équipements et un magasin d'armes. Au début du XIVe siècle, la superficie de l'**Arsenal** est quadruplée, et la construction navale, qui était en partie confiée à des chantiers de la lagune, est désormais entièrement prise en charge par les très nombreux ouvriers de l'**Arsenal**, qui comptera seize mille charpentiers au XVe siècle !

Cales sèches couvertes et ouvertes, radoubs, bassins pouvant accueillir cent vingt galères armées, entrepôts, corderie, voilerie, armurerie, poudrière, forge : outre les navires, l'**Arsenal** produit rames, gréements, canons, boulets, fusils et munitions. Des magasins à céréales et des fours permettent la confection du biscuit de mer, aliment principal des marins et galériens. En cas de nécessité, une journée suffit à l'assemblage et à la mise à flot d'une unité nouvelle de l'escadre vénitienne. Bijoux de cette flotte vénitienne, les navires longs : la galère à voiles et à rames, propre au transport de marchandises, mais rapidement transformable en vaisseau de poursuite et d'abordage ; et la galéasse, de dimensions beaucoup plus imposantes, véritable forteresse des mers. Pour les transports de marchandises faisant route vers des ports plus proches, on utilisera exclusivement les navires ronds, du type caraque ou "coque".

Administré par trois provéditeurs, membres du Sénat, et trois patrons, dirigé par un amiral à la tête d'une hiérarchie militaire, l'**Arsenal** est une prodigieuse "usine" de guerre qui permit à Venise d'étendre son hégémonie tout en pratiquant le commerce lointain. Née de l'onde, la cité des doges aime à montrer à toute la chrétienté ainsi qu'à l'Orient qu'elle entretient des rapports de domination sur l'élément liquide, tant en matière de politique que de négoce.

C'est l'origine de la cérémonie des "épousailles de la mer", célébrée peut-être dès avant l'an 1000, et qui prit une importance nouvelle en 1177, lorsque

l'empereur ***Frédéric Ier Barberousse*** vint s'incliner devant le pape ***Alexandre III*** en présence du doge ***Sebastiano Ziani*** devant la **basilique Saint-Marc**.

Chaque année, lors de la fête de la *Sensa* (l'Ascension), le doge, à bord du vaisseau d'apparat nommé *Bucentaure,* se rend en grande pompe jusqu'à la passe du Lido. Parvenu dans l'Adriatique, il jette dans les flots un anneau d'or en disant ces mots : "Nous t'épousons, ô mer, en signe de véritable et perpétuelle domination."

La conquête des mers

L'expansion vénitienne sur les mers commence par la Dalmatie, dès la fin du Xe siècle, se poursuit avec l'Istrie (XIIe), Corfou (1386), Salonique (de 1424 à 1430), Chypre (1489-1572) et la Morée (1689-1718).

Les Normands menaçant l'empire byzantin, Venise prête main forte à l'empereur ***Alexis Ier Comnène*** en 1081 et se voit récompensée par un chrysobulle qui lui accorde un quartier de Constantinople, un quai et des entrepôts le long de la Corne d'Or, ainsi que de nouvelles facilités douanières. Les rapports avec Byzance n'en sont pas moins troubles. En 1118, ***Jean Comnène*** refuse de reconduire les privilèges dont jouit Venise, et ***Manuel Comnène*** disperse la colonie vénitienne dont il confisque les biens. Malgré un accord nouveau intervenu en 1198, Venise riposte avec violence à l'occasion de la quatrième croisade : le vieux doge ***Enrico Dandolo*** persuade les croisés d'attaquer Constantinople en 1204. La ville est mise à sac. Parmi le butin, les Vénitiens s'emparent des quatre chevaux de cuivre doré de l'hippodrome, désormais placés sur la loggia de la **basilique Saint-Marc**. Le doge, à présent "seigneur du quart et demi de l'empire de Romanie", met la main sur de nouvelles bases maritimes : Négrepont (Eubée), Modon, Coron, la pointe sud de la Morée (Péloponnèse) et surtout Candie (la Crète). L'empire latin d'Orient créé par les Vénitiens et les barons croisés dure jusqu'en 1261, quand l'empereur ***Michel Paléologue***, allié aux Génois, reprendra Constantinople.

La rivalité de Venise avec la république de Gênes commence par la prise de Saint-Jean-d'Acre (1258) et donne lieu à quatre guerres navales, qui s'achèveront après le long blocus de Chioggia par la paix de Turin (1381). L'enjeu ? La suprématie commerciale au Levant et dans les ports de le mer Noire.

Sur la terre ferme, afin d'assurer l'acheminement de ses marchandises, Venise lutte également tout d'abord pour contrôler le Pô (1240), avant d'étendre son hégémonie à toute la Vénétie et au Frioul (1389-1420). La Ligue de Cambrai (1508-1517) voit le pape, l'Espagne, la France, l'Angleterre, l'empereur ***Maximilien*** et le roi de Hongrie s'unir pour mettre un frein à cette expansion, mais Venise, pourtant vaincue, maintient presque intactes ses positions.

Une des plus grandes batailles navales

Ce sont plus de deux cents galères, composant la flotte de la Sainte Ligue, rassemblant l'Espagne, Venise, Gênes et Rome, qui affrontèrent les Turcs à Lépante, sous le commandement de Don Juan d'Autriche, le 7 octobre 1571. La flotte ottomane, menée par l'amiral Ali Pacha, fut décimée.

Dès le XVe siècle, Venise verra ses possessions du Levant menacées par les Turcs, maîtres de Constantinople depuis 1453. Après la défaite de Prévéza (1538), Venise voit chanceler sa suprématie sur les mers. Malgré une victoire éclatante à Lépante (1571), Chypre passe sous la domination turque l'année

suivante. Au XVIIe siècle, c'est la guerre de Candie : vingt ans de résistance vénitienne se soldent par la perte de la Crète (1669). Ultime sursaut : la conquête de la Morée (1699) que Venise, attaquée une dernière fois par les Turcs, perd en 1718 au profit de l'Autriche.

Désormais, Venise ne s'illustre plus que par son brillant épanouissement culturel, au XVIIIe siècle. Le cent vingtième et dernier doge, ***Lodovico Manin***, est élu en 1789. Pendant la Révolution française, Venise donne asile au comte de Provence, mais l'atmosphère de fête et d'insouciance demeure, tandis que la Sérénissime République vit ses ultimes années.

La splendeur des doges

Cent vingt doges se sont succédé, de 697 à 1797, à la tête d'un gouvernement qui aura fait ses preuves pendant onze cents ans, forçant l'admiration de l'Europe. En apparence, peu de changements, durant cette très longue période. En réalité, on constate une mainmise très rapide des familles fondatrices fortunées (les *case vecchie*), auxquelles se joindront les *case nove* et *novissime*, familles nouvelles et toutes nouvelles de riches négociants, – l'ensemble formant une caste de gentilshommes (le seul titre nobiliaire, à Venise, est celui de *nobile homine*, *nobiluomo*, N.H. en abréviation devant le nom) dont le nombre grandira peu, fixé par un Livre d'Or du patriciat – sur un pouvoir dont le peuple et le clergé sont vite éloignés ; et la mise en place d'une oligarchie et d'un type de gouvernement *ab omnibus ad paucos* (par tous, pour quelques-uns), pour reprendre la formule d'un observateur français du XVIe siècle, ***Jean Bodin***. L'*arengo*, l'assemblée populaire, au rôle consultatif, n'est bientôt plus réunie qu'exceptionnellement.

Le doge est le personnage central de l'Etat vénitien. Sa fonction est surtout représentative. Vêtu de pourpre et d'hermine, portant sur la tête le *corno* ducal, il incarne avant tout la grandeur, les fastes et la richesse de Venise. Ce vivant symbole, point de mire de chaque cérémonie officielle qu'il préside en grande pompe, dans une débauche de luxe qui va croissant au fil des siècles, est tenu de participer aux nombreuses réunions des divers conseils. Les limites de son pouvoir sont fixées dès l'élection par le texte de la *promission*, le doge s'engageant par serment à ne pas outrepasser ses droits. Les patriciens procèdent ainsi pour empêcher toute collusion possible entre un doge et le peuple, comme ce fut le cas en 1355, où l'on vit ***Marin Falier*** fomenter une conspiration en vue de rétablir un gouvernement populaire : il fut jugé et décapité, et, dans la salle du Grand Conseil où figurent les portraits de tous les doges, le sien fut remplacé par un voile noir portant l'inscription : "Ici était la place de Marin Falier, décapité pour ses crimes."

L'élection du doge procède d'un cérémonial extrêmement compliqué, mêlant divers scrutins et tirages au sort, afin d'éviter toute intrigue. L'existence de ce haut magistrat n'est pas forcément enviable. Doté d'une importante liste civile, il doit néanmoins être fortuné pour assurer ses fonctions représentatives, tout en renonçant à ses activités commerciales ou lucratives. Sa famille est tenue à l'écart de certaines dignités ; lui-même ne peut sortir seul ou quitter Venise sans autorisation. Correspondance, audiences aux princes ou ambassadeurs étrangers, discours : aucune activité

officielle du doge qui ne soit contrôlée par les conseillers. Si de nombreux doges ont été choisis pendant l'histoire de la République parmi d'honorables patriarches fortunés, propres à assumer une charge honorifique, d'authentiques hommes d'Etat purent malgré tout imposer leur influence, tant sur le plan militaire que dans la diplomatie. Citons ***Pietro Orseolo II***, vainqueur des Croates et des Dalmates, en 1000, ***Enrico Dandolo***, qui orchestra le sac de Constantinople alors qu'il avait près de quatre-vingt-dix ans, ***Francesco Foscari***, qui lutta contre Milan et permit l'expansion vénitienne sur la terre ferme au XVe siècle, ***Sebastiano Venier***, vainqueur de Lépante (1571) ou ***Francesco Morosini***, qui reconquit la Morée en 1694.

Le couronnement du doge

Francesco Guardi fixe dans cette peinture (env. 1770) l'instant solennel où le doge (probablement Alvise IV Mocenigo) reçoit le corno ducal sur l'escalier des Géants du palais des Doges.

Le gouvernement vénitien

Instance la plus importante du gouvernement, la Sérénissime Seigneurie : le doge y est entouré des représentants des six *sestiers* de Venise (Castello, San Marco, Cannaregio, Santa Croce, San Polo, Dorsoduro), qui forment avec lui le Petit Conseil, et des trois chefs du Conseil des Quarante. Ce dernier fait office de tribunal civil, intervenant également dans les affaires criminelles à Venise et sur la terre ferme.

Le Grand Conseil, composé à l'origine de trente-cinq personnes, puis de deux cents membres, dépasse le millier dès le XIVe siècle. En vertu de la *serrata* (la fermeture) décidée en 1297, n'y sont plus admis que des représentants ayant déjà siégé ou des descendants des mêmes familles ; preuve d'une volonté de réserver aux familles dominantes le soin de choisir les conseillers du doge, de faire voter les lois et de nommer les membres des diverses autres assemblées.

Parmi celles-ci, le Sénat, composé des conseillers primitivement appelés *Pregadi* (priés) – parce qu'ils étaient appelés en consultation auprès du doge pour régler certains cas difficiles –, et de la *Zonta* (adjonction), en tout cent vingt membres élus dans cette assemblée parlementaire qui gère les affaires de terre et de mer, la politique étrangère, l'économie et les finances, l'instruction, le commerce et l'industrie, l'approvisionnement, la sauvegarde de la cité et de la lagune, statue sur les législations, fixe les prix des denrées.

Emanation du Grand Conseil, le Très Haut Conseil des Dix veille à la sûreté de l'Etat, aux bonnes mœurs des patriciens, punissant aussi bien la haute trahison que les crimes et délits de droit commun. Ce Conseil des Dix agissant dans l'ombre, secondé par des inquisiteurs appliqués à débusquer fraudes et intrigues, est à l'origine de légendes romanesques, où le moindre conjuré était envoyé croupir dans les plombs ou les puits des prisons du **palais Ducal** ! Il est vrai que cette institution incitait les citoyens à la délation, les dénonciations secrètes étant déposées par quiconque le souhaitait dans une des *bocche di leone* (gueules de lion), sorte de "boîte à lettres" infâme apposée aux murs de certains édifices publics.

Parmi les magistrats et fonctionnaires venant compléter l'administration vénitienne, citons encore les procurateurs de Saint-Marc et les avocats de la Commune, auxquels s'ajoutent bon nombre de provéditeurs, exécuteurs, inquisiteurs répartis dans les divers secteurs de la vie publique.

Le Grand Conseil en séance

Cette scène de la vie politique vénitienne a été peinte par Gabriel Bella, artiste mineur du XVIIIe siècle, qui nous a laissé de nombreuses toiles présentant de manière vivante et colorée divers aspects de la vie quotidienne de Venise à son époque. La plupart sont regroupées à la pinacothèque de la Fondation Querini-Stampalia.

Dès le Moyen Age, Venise est une cité très peuplée, d'autant plus si l'on tient compte de sa faible superficie : plus de cent mille habitants en 1348 quand éclate une épidémie de peste noire qui en emportera

les trois cinquièmes. En ce qui concerne la santé publique, Venise, très tôt concernée, crée trois postes de provéditeurs à la santé. Dès 1423, ces magistrats affectent le monastère situé sur l'île de Sainte-Marie de Nazareth à la quarantaine des personnes et des marchandises arrivant d'Orient et soupçonnées de porter des germes de maladies contagieuses. C'est le premier lazaret créé en Occident.

Le lourd tribut payé aux guerres et aux épidémies (plus de cinquante mille morts de la peste pour la seule année 1576) n'empêche pas la population vénitienne qui avait atteint cent soixante-dix mille habitants en 1563 de se stabiliser aux alentours de cent cinquante mille dès la fin du XVIe siècle. Sur ce chiffre, on ne compte que deux mille cinq cents patriciens, seuls à avoir accès au pouvoir…

Une rive marchande

La Riva degli Schiavoni (quai des Esclavons) vue par Leandro Bassano (XVIIIe siècle) donne une idée de l'animation fiévreuse qui fut longtemps celle du bassin de Saint-Marc et du quai où accostaient bon nombre de navires de commerce arrivés par l'Adriatique depuis les comptoirs les plus lointains.

Le génie du commerce et des affaires

Vogue la galère

Trait d'union entre le bassin méditerranéen et l'Europe, Venise va faire fortune grâce à sa double vocation maritime et commerçante. Les chantiers navals sont florissants à Venise et emploient par milliers charpentiers, calfats, tisserands. En 1423, le doge ***Tommaso Mocenigo*** estime à six mille le nombre de navires et de naves en exercice, sans compter les galères. Le volume de marchandises transportées par mer augmente de manière significative au cours des siècles : de trois mille à cinq mille tonneaux au XIIIe siècle, il atteint dix à douze mille au XVe siècle. Certains navires ronds jaugent plus de cent tonneaux, et l'un d'eux, la *Roccaforte* (au XIIIe siècle) peut contenir cinq cents tonneaux de marchandises.

Armateurs et négociants s'entendent pour affréter des cargaisons empruntant à intervalles réguliers certaines routes maritimes régulières. L'Etat possède

également un grand nombre de galères qu'il loue – avec l'équipage prêt à voguer – par adjudication à des commerçants qui s'associent, afin de supporter les frais de l'expédition. Ce sont de véritables cortèges de navires de marchandises – les *mude* – qui voguent de conserve, ce qui permet de protéger plus aisément les cargaisons précieuses contre les ennemis de Venise ou les pirates et corsaires qui sillonnent les mers.

Divers types de sociétés commerciales se généralisent, à l'occasion d'une expédition, telle la *colleganza*, où un bailleur fournit un capital au marchand qui s'embarque dans le but de le faire fructifier et la *compagnia*, qui réunit plusieurs associés non pas sur un seul voyage commercial mais pour plusieurs années. Venise se spécialise ainsi – pour employer un néologisme – dans l'import-export, les navires ne tournant jamais à vide, puisque la cité vend du sel, du blé, du bois et du fer, des objets de métal blanc, puis avec le développement de l'artisanat de luxe, les verres et les cristaux de Murano, des draps de soie, de la laine, des fourrures travaillées, des bijoux et des pierres précieuses montées. Ce qui n'empêche pas la République de laisser prospérer jusqu'au XVIe siècle le trafic d'esclaves, russes, slaves et tartares pour la plupart, devant lequel l'Eglise ferme les yeux…

Comptoirs et marchandises

Pour commercer avec la terre ferme, les chalands empruntent le Pô et les autres voies fluviales. On rapporte par flottage le bois du Trentin, du Cadore et de l'Apennin. Des caravanes franchissent les Alpes, rayonnant vers l'Allemagne où l'on extrait divers métaux, l'Autriche, la Bohême et la Slovaquie où s'achètent cuivre et argent, la Styrie et la Carinthie d'où vient le fer, la Silésie et la Hongrie qui fournissent l'or. Dans les pays slaves, on achète miel, cire, chanvre, laine et fourrures.

Sur mer, les routes régulières des galères vénitiennes sillonnent l'Atlantique, vers la France, l'Espagne, le Portugal, l'Angleterre et les Flandres. Dans le bassin méditerranéen, les galères de Barbarie sillonnent les côtes de l'Afrique du Nord d'où l'on rapporte le cuir. La Crète, où Venise se fournit en céréales, huile d'olive, vin et sucre de Candie est une étape importante, après la Morée, sur la route d'Alexandrie. C'est en Egypte que les Vénitiens achètent aux marchands musulmans le poivre et les épices venus d'Inde et d'Insulinde : gingembre, cannelle, coriandre, girofle, cardamome et autres condiments permettant de relever le goût des plats et de conserver les viandes, les productions locales de coton, lin et sucre, les parfums d'Arabie ; toutes ces marchandises étant ensuite diffusées depuis Venise vers les autres pays occidentaux.

Autre grenier de Venise, Chypre, où l'on trouve en abondance sel, coton, sucre, peaux de mouton, et le vin, en particulier cette Malvoisie qui marquera de son nom plusieurs lieux vénitiens, débits de boissons ou rues. Après l'île, les galères de Romanie font halte en Syrie et en Petite Arménie, rejoignent le Bosphore et Constantinople, où l'on traite les soieries, l'or filé, l'orfèvrerie, gagnent la mer Noire et Trébizonde, où des caravanes font commerce en Perse avant de rejoindre l'Inde. D'autres navires poursuivent jusqu'à la mer d'Azov, Caffa et La Tana (Azov), point de départ de la légendaire route de la soie. Il fallait compter dix mois pour rallier Pékin, via Astrakhan, Organdi et Khansai (Han-Tchéou), et dès le début du XVe siècle, après les conquêtes de ***Tamerlan***, les Vénitiens durent prendre un autre chemin passant par le Tigre, l'Euphrate et la mer Caspienne pour se rendre en Chine.

Marco Polo, messire Million

Certains voyageurs ne se contentent pas de suivre ces itinéraires presque routiniers. C'est le cas de ***Marco Polo***, le plus fameux des explorateurs vénitiens, qui a laissé le récit de ses voyages dans *Le Devisement du monde*, ou *Livre des Merveilles* (1298). Embarqué à l'âge de quinze ans avec ses deux oncles ***Nicolo*** et ***Matteo***, déjà familiers des Mongols, le jeune ***Marco*** passa vingt-cinq ans en Asie.

Traversant l'Anatolie, l'Arménie, la Perse, le Pamir et le désert de Gobi, il se rendit aux confins de la Chine, à la cour de ***Koubilaï Khan***, pour qui il accomplit diverses missions diplomatiques et commerciales, escortant ensuite une princesse mongole jusqu'en Perse avant de regagner sa ville natale. Fait prisonnier lors d'une bataille navale pendant la seconde guerre de Gênes, ***Marco Polo***, dans sa geôle, dicta ses mémoires à un certain ***Rustichello*** de Pise. Cet ouvrage qui abonde en descriptions pittoresques de contrées lointaines et des splendeurs de la civilisation chinoise eut un grand retentissement dans tout l'Occident chrétien et valut à son auteur – soupçonné de quelques exagérations – le surnom de messire Million. L'emplacement à Venise de la demeure de la famille ***Polo*** se trouve d'ailleurs dans la **Corte del Milion** (la cour du Million).

L'âge d'or du commerce vénitien, du XIIIe au XVIe siècles, lié à l'extraordinaire expansion territoriale de la République et à la puissance de sa marine, s'explique également par la solidité de sa monnaie : le gros d'argent, puis le ducat d'or, (émis dès 1284), 3,56 g d'or fin à 24 carats, également appelé sequin (*zecchino*, parce que l'**hôtel des Monnaies** de Venise où il était frappé s'appelle la *Zecca*), gardent une valeur constante pendant plusieurs siècles et s'échangent à travers l'Europe et jusqu'en Orient. Enfin, Venise est à l'avant-garde en matière de banque. Les bureaux de change qui se tiennent en plein air au Rialto deviennent échoppes puis véritables banques où l'argent-papier remplace les espèces sonnantes : c'est la pratique du compte courant qui naît, de même que celle de la lettre de change et du crédit ou du transfert de fonds, tandis que se développe la comptabilité baptisée "à la vénitienne", mettant face à face crédit et débit.

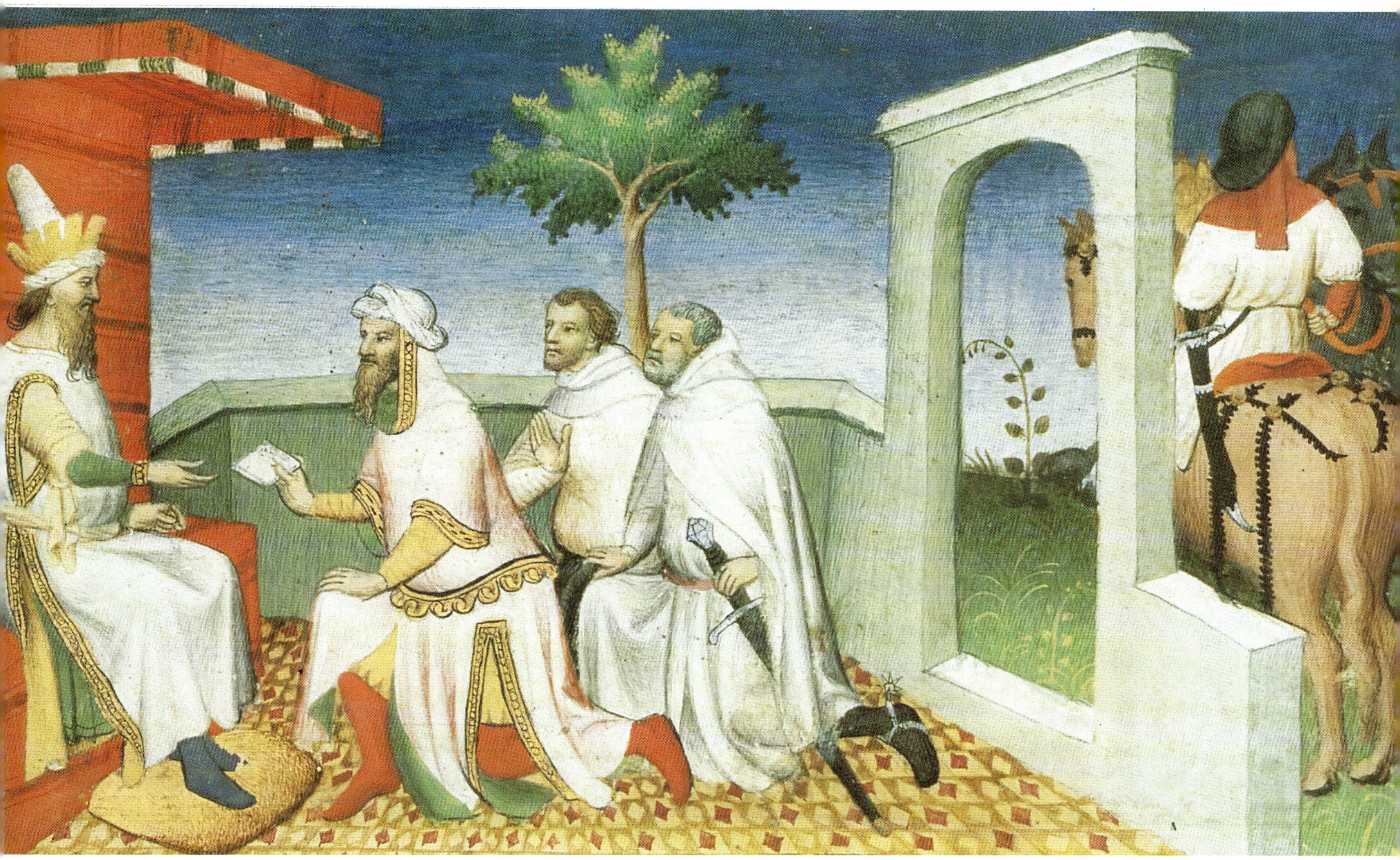

Une tour de Babel

L'extraordinaire prospérité de Venise, son ouverture vers de nombreux horizons, ont drainé vers la cité diverses communautés étrangères, qui s'y intégrèrent avec plus ou moins de bonheur. Ce furent, dès le XIIe siècle, les Arméniens, qui possédaient leur quartier et leur église vers San Zulian, et à qui Venise offrit par la suite une île, au XVIIIe siècle, lors des persécutions turques : le **monastère de San Lazzaro degli Armeni**, cher à ***lord Byron***. Ensuite vinrent les *Schiavoni (Esclavons),* habitants de la Dalmatie : un quai porte toujours leur nom, de même que leur ancienne confrérie vouée aux ***saints Jérôme, Tryphon*** et ***Georges,*** décorée par plusieurs toiles fameuses de ***Carpaccio***. Les Grecs étaient installés dans les mêmes parages, comme en témoigne encore leur église, **San Giorgio dei Greci**, ce qui n'empêcha pas la famille d'un riche marchand de Morée, ***Antonio Rioba,*** de posséder sa demeure, le **palazzo Mastelli**, à Cannaregio. Trois statues représentant les trois frères, ***Rioba, Sandi*** et ***Afani,*** surgissent étrangement des murs du palais où l'on voit un chameau portant un chargement d'épices.

Si les Allemands eurent leur comptoir au Rialto, le **Fondaco dei Tedeschi** (qui abrite de nos jours la Poste centrale), et les Ottomans le leur dès 1621 également sur le Grand Canal (**Fondaco dei Turchi**), le sort des Juifs ne fut pas aussi heureux.

Une communauté commença à s'implanter dès le XIVe siècle, et fut contrainte à résider sur la *Giudecca* (dont le nom ne signifie pas *juiverie*, comme on l'a dit, mais vient de *giudicati*, jugés : les nobles révoltés y étaient bannis). Par la suite, en 1516, un décret du Sénat obligea les familles juives à s'installer dans un quartier où se tenait jusqu'alors une fonderie : *ghetto*, en vénitien, d'où l'origine d'un terme qui deviendra tristement célèbre à travers l'Europe et le monde.

Dans cet univers clos, véritable cité au sein de Venise, possédant plusieurs synagogues (levantine, allemande, ashkenase, espagnole, du Ponant), vivait une population confinée dans de hautes habitations. Des chaînes fermaient chaque soir le ghetto : elles ne tombèrent que sur l'ordre de ***Bonaparte*** en 1797.

Les marchands deviennent ambassadeurs

Ce manuscrit français du début du XVe siècle illustre une idée assez nouvelle : le khan demande aux Polo d'être ses ambassadeurs auprès du pape.

Plus dure sera la chute

Derniers feux du carnaval

Venise, au XVIIIe siècle, est devenue le miroir étincelant d'une Europe ivre de fêtes galantes. Tandis que son empire et son influence politiques rétrécissent comme une peau de chagrin, la Sérénissime République, qui a opté pour la neutralité dans la guerre de succession d'Espagne, brille de ses derniers feux. La société patricienne passe des *botteghe di caffè* (les cafés) au théâtre ou à l'opéra (on inaugure *La Fenice* en 1792), court le *ridotto* (cercle de jeu) et les *casini*, où en dépit des interdictions, les flambeurs font valser les sequins. Le Carnaval dure à présent six mois de l'année, la licence règne, et les visiteurs étrangers – que l'on ne nomme pas encore touristes – viennent de toute l'Europe admirer les richesses artistiques de la cité mais aussi profiter de cette atmosphère trouble. Ne trouve-t-on pas à Venise un guide des courtisanes – elles sont plus de dix mille – indiquant leur adresse et le prix qu'il faut payer pour s'attirer leurs bonnes grâces ? L'affluence de la bonne société cosmopolite est à l'origine du développement des *osterie* (hôtelleries) et des *locande* (auberges), prémices d'une ère touristique qui connaîtra le développement que l'on sait à Venise, au XXe siècle.

Chaque festivité officielle engloutit une fortune, et l'élection de ***Lodovico Manin*** dépasse en fastes et en frais tout ce que Venise a pu connaître par le passé. Le dernier doge a été choisi pour son extrême richesse. Il n'est pas même de la région, ce qui fait dire au descendant d'une des plus anciennes familles de la cité, ***Piero Gradenigo*** : "Ils nous ont fait doge un Frioulan, la République est morte."

Française ou autrichienne ?

De fait, Venise agonise sous les masques indifférents du carnaval. Si le gouvernement, qui se réfugie désormais dans une neutralité absolue, ne désapprouve pas officiellement la Révolution française, il accueille à Vérone le comte de Provence. L'avance de l'armée d'Italie, menée par ***Bonaparte***, contre les Autrichiens et les Piémontais, mène les troupes en Vénétie en 1797.

Plusieurs villes se soulèvent et s'érigent en municipalités. ***Bonaparte*** déclare la guerre à Venise le 1er mai, et menace : "Je serai un ***Attila*** pour l'Etat vénitien." Le 12, le doge et le Grand Conseil démissionnent, cédant la place à une municipalité provisoire qui voit entrer les premières troupes françaises le 15 du même mois. Les accords franco-autrichiens de Campoformio cédant Venise et ses territoires à l'Autriche, le 18 janvier 1798, c'est une autre armée qui vient prendre ses quartiers dans la cité de ***saint Marc***.

Canons au Rialto, batteries à San Giorgio Maggiore, ruine des grandes familles et mendicité dans les rues : après des siècles d'indépendance et de splendeur, Venise offre le spectacle pitoyable d'une déchéance soudaine. Le traité de Presbourg, qui ramène les troupes napoléoniennes le 1er janvier 1806, ouvre une ère de dégradation : couvents, églises et monastères supprimés, vendus et souvent détruits, pillage des œuvres d'art, dont certaines, comme *Les Noces de Cana*, de ***Véronèse***, demeureront en France.

Napoléon relance l'activité économique – Venise devient port franc, les activités de l'**Arsenal** reprennent –, remodèle la cité, créant les jardins de Castello, détruisant l'**église San Gemignano**, afin de clore la **place Saint-Marc** par une aile de bâtiments qui s'harmonise avec les **Procuraties**. Symbole de la puissance vénitienne, le quadrige de Saint-Marc est conduit à Paris, et, placé sur l'arc-de-triomphe du Carrousel, il ne retrouvera sa place qu'après la chute de ***Napoléon***, à la demande du sculpteur ***Canova*** et du gouvernement autrichien.

Les chevaux de Saint-Marc quittent Venise

Suprême humiliation infligée par Bonaparte à la défunte République : le quadrige de Constantinople, descendu de la loggia de la basilique, est acheminé vers Paris, en même temps que de très nombreuses œuvres d'art. Les chevaux seront de retour en 1815.

Vers l'annexion à l'Italie

Le 3 mai, Venise est de nouveau autrichienne et le restera jusqu'en 1866, à l'exception d'une brève restauration de la République en 1848. Déjà, en 1840, une première conspiration a été déjouée. En mars 1848, le soulèvement dirigé par l'avocat ***Daniele Manin*** aboutit à une proclamation de la Seconde République vénitienne. La Vénétie ne suit pas, un blocus est instauré. La population est en proie à la famine, aux bombardements et à une épidémie de choléra : la capitulation a lieu le 22 août 1849. Cette seconde période de "cohabitation" est plus houleuse, un fossé se creusant entre partisans pro-autrichiens et opposants. On ne compte plus les familles qui préfèrent s'exiler, et le nombre de la population baisse considérablement.

Dès 1846 a été mis en chantier un pont qui doit permettre au chemin de fer de relier la terre ferme à Venise. L'**église Santa Lucia** est détruite pour permettre l'édification d'une gare, et deux passerelles métalliques à péage sont jetées en 1854 sur le Grand Canal, face à la *Stazione*, et entre **San Vidal** et l'**Accademia** – musée des Beaux-Arts créé par ***Bonaparte***. Ces travaux qui préfigurent l'approche de l'ère industrielle sont très mal acceptés par les Vénitiens. Les deux ponts seront d'ailleurs supprimés en 1934 et reconstruits, l'un en pierre, l'autre en bois.

En 1866, après l'armistice austro-prussien, l'Autriche donne Venise à la France. ***Napoléon III*** organise alors un plébiscite proposant l'annexion de Venise au royaume d'Italie. Le oui l'emporte, et l'événement est accueilli avec enthousiasme par une cité qui n'est plus que l'ombre d'elle-même.

La Seconde République

Après l'insurrection manquée de 1844, menée par les frères Bandiera, le soulèvement de 1848 aboutit à la proclamation d'une Seconde République vénitienne. Le gouvernement autrichien reprendra vite les rênes du pouvoir, tandis que Daniele Manin connaîtra l'exil.

Les municipalités de diverses tendances qui se succèdent jusqu'à notre époque auront à cœur, dans un premier temps, de privilégier la salubrité de la ville, même si cela se solde par une "modernisation" qui frappe d'alignement certaines rues (*strada nuova*, qui mène du Rialto à la gare) ; ce qui n'empêche pas de relever "comme il était, où il était", neuf ans plus tard, le **campanile de Saint-Marc** qui s'était écroulé en 1902.

Pour faire face à l'hémorragie de la population partie chercher du travail sur la terre ferme, d'importants complexes industriels sont créés : filatures de coton, moulins, et surtout, près de Mestre, Porto Marghera, qui rassemble diverses entreprises (sidérurgie, chantiers navals, chimie) et se doublera par la suite d'un terminal pétrolier.

En 1933, le **pont de la Liberté**, long de 3601 m, formé de deux cent vingt-deux arcades et jumelé à la voie ferrée, permet aux voitures d'accéder directement à Venise, de même qu'une gare maritime a été créée sur les *zattere*, face à la Giudecca, pour accueillir cargos et paquebots. La vocation touristique de Venise, désormais ville-musée, est née au détour du XXe siècle avec les premières manifestations artistiques, comme la Biennale, et la création de grands hôtels. Sur les canaux, la gondole cède pour la première fois la place au *motoscafo*, au grand dam des gondoliers qui font grève. Mais le processus est engagé : Venise entre dans une ère moderne riche pour elle de contradictions quant à sa vocation.

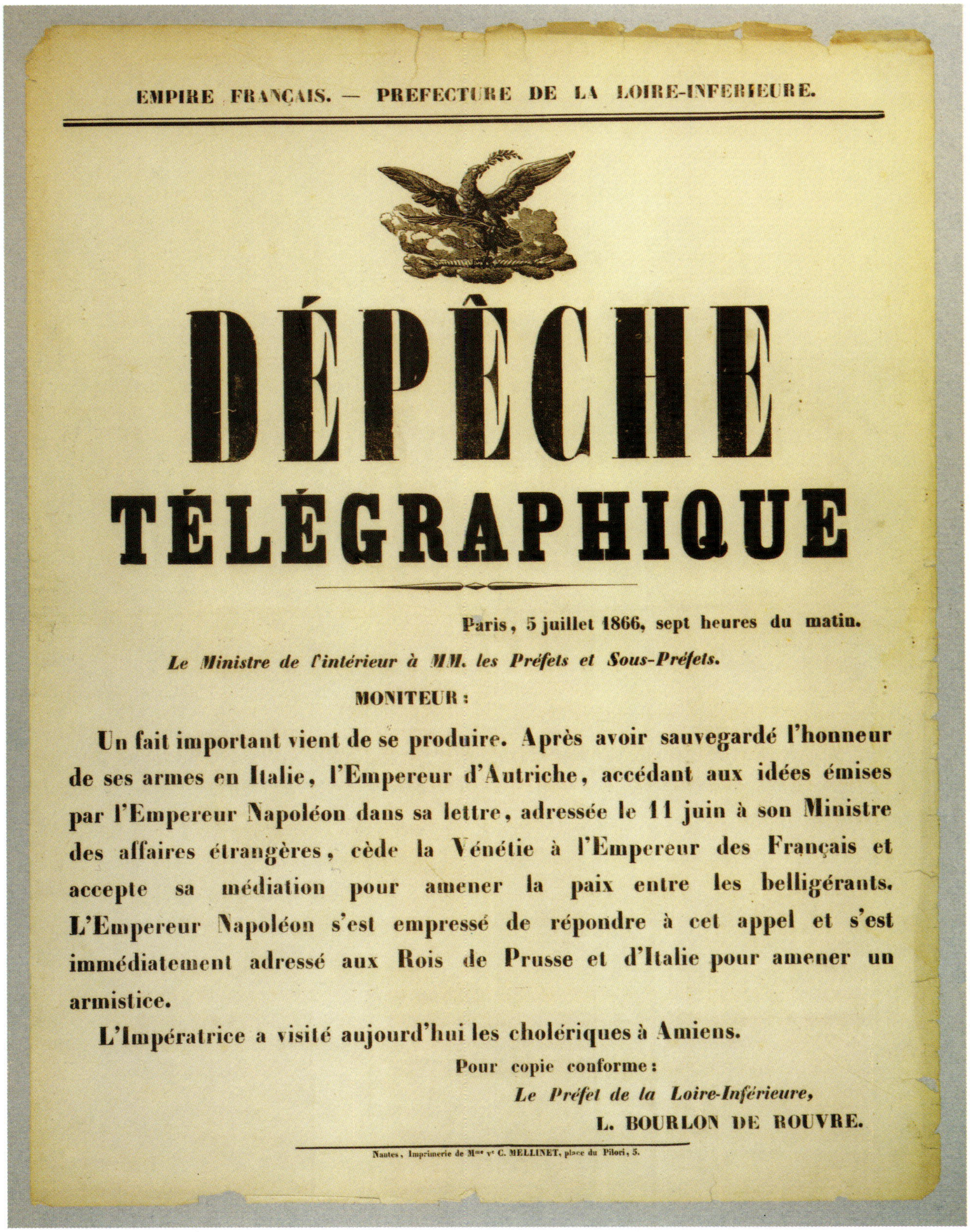

EMPIRE FRANÇAIS. — PRÉFECTURE DE LA LOIRE-INFÉRIEURE.

DÉPÊCHE TÉLÉGRAPHIQUE

Paris, 5 juillet 1866, sept heures du matin.

Le Ministre de l'intérieur à MM. les Préfets et Sous-Préfets.

MONITEUR :

Un fait important vient de se produire. Après avoir sauvegardé l'honneur de ses armes en Italie, l'Empereur d'Autriche, accédant aux idées émises par l'Empereur Napoléon dans sa lettre, adressée le 11 juin à son Ministre des affaires étrangères, cède la Vénétie à l'Empereur des Français et accepte sa médiation pour amener la paix entre les belligérants. L'Empereur Napoléon s'est empressé de répondre à cet appel et s'est immédiatement adressé aux Rois de Prusse et d'Italie pour amener un armistice.

L'Impératrice a visité aujourd'hui les cholériques à Amiens.

Pour copie conforme :

Le Préfet de la Loire-Inférieure,

L. BOURLON DE ROUVRE.

Nantes, Imprimerie de Mme Ve C. MELLINET, place du Pilori, 5.

Venise devient italienne

Contradictions de l'Histoire : après avoir fait tomber la République de Venise en 1797, la France devient l'artisan de son rattachement au royaume d'Italie, en 1866, grâce à Napoléon III.

Venise aujourd'hui

L'enjeu du tourisme

Prise entre un passé prestigieux et un avenir assombri par des perspectives qui vont de la fuite de la population à l'engloutissement par les flots de l'Adriatique, Venise offre de nos jours le double aspect d'une cité provinciale – administrativement parlant – qui est néanmoins un des pôles d'attraction principaux du tourisme mondial. De prestigieux grands hôtels, comme le *Gritti Palace*, le *Bauer Grünwald* ou le *Cipriani* (sur la Giudecca) rivalisent de luxe avec le *Danieli* qui abrita les amours tumultueuses de ***George Sand*** et ***Alfred de Musset***. Venise, ville d'art et de culture, se double d'une station balnéaire, grâce au Lido qui possède ses grands palaces – l'*Hôtel des Bains* et l'*Excelsior* – un casino d'été (celui d'hiver se tient dans le **palais Vendramin**, sur le Grand Canal, où mourut ***Richard Wagner***) et un palais des festivals. Ville protéiforme, Venise a de quoi satisfaire avec un égal bonheur les amants, les passionnés d'architecture et de peinture, les adeptes du farniente heureux de prendre un *capuccino* à une terrasse ou de déambuler dans des ruelles que ne trouble aucune voiture, ou les amateurs de fêtes costumées, depuis la résurrection du Carnaval en 1978. Reflet de cette orientation touristique, la plupart des métiers (pêche, artisanat, commerce, restauration, hôtellerie, secteur tertiaire) visent à satisfaire des clientèles venues du monde entier pour partager – chacune à sa manière – le même rêve.

Trois périls

En cette fin du XXe siècle, Venise doit faire face à trois graves problèmes : l'exil de la population vers la terre ferme, la préservation de la cité et de sa lagune, ainsi que la restauration et la sauvegarde de ses monuments. Venise, qui possède pourtant une université florissante (**Ca' Foscari**), voit ses jeunes partir, faute de débouchés. Le centre historique ne comptera bientôt plus que 75 000 habitants, et ce chiffre pourrait descendre jusqu'à 60 000 à la fin du siècle.

Victimes de l'âge, de l'air salin, de la fiente de pigeon et des pollutions de Mestre-Marghera, les monuments de la cité, dont les fondations sont sapées par les effets conjoints de l'*acqua alta* et des vibrations dues au passage répété des bateaux à moteur, ne cessent de se détériorer. Considérant les dégâts, ***Philippe Braunstein*** et ***Robert Delort***, dans *Venise, portrait historique d'une cité,* ont évalué que chaque année, la ville perdait 6% de ses marbres, 5% de ses fresques, 5% du mobilier et de l'art décoratif sacré, 3% de ses peintures sur toile et 2% de ses peintures sur bois ! Sous l'égide de l'UNESCO qui a déclaré Venise "patrimoine de l'humanité", de nombreux comités se sont formés dans divers pays, s'attachant à la restauration d'un monument. Ainsi, la **basilique Saint-Marc**, l'**église de la Salute**, la **Libreria**, le **palais Grassi**, **Ca' Rezzonico**, divers secteurs du **palais des Doges**, la **Scuola di San Giovanni Evangelista**, et de très

nombreux palais du Grand Canal ont-ils été parmi les premiers chefs-d'œuvre à être protégés d'une ruine certaine, suivis par l'**église de Madonna dell'Orto**, la **Ca'd'Oro**, et cette liste s'allonge fort heureusement. La restauration pose de sérieux problèmes : un monument comme la **Salute** reposait sur un million et demi de troncs d'arbres. La montée progressive des eaux (due au réchauffement de la calotte glaciaire, mais aussi, plus récemment, à l'affaissement de la nappe phréatique sous-lagunaire, à la suite de trop importants pompages pour alimenter en eau Marghera) pourrit le bois, et il a fallu injecter du ciment – comme cela a été fait pour endiguer l'effondrement des pavements de la **basilique Saint-Marc** – afin de stabiliser l'édifice.

Venise au péril des eaux : une réalité qui devient plus menaçante depuis ce siècle, où la fréquence des hautes marées (l'*acqua alta*) ne fait qu'augmenter depuis la fin du XIXe siècle, s'accélérant encore depuis 1950. La cote d'alerte maximum a été atteinte dans la nuit du 3 au 4 novembre 1966, avec 1,94 m. Quand la marée monte de 1,10 m dans les canaux, la **place Saint-Marc** se trouve déjà sous 40 cm d'eau… Il y eut cette fois-là plus d'un mètre dans de nombreuses rues. Quatre mille logements furent inondés, les dégâts chiffrés à 40 milliards de lires, les dommages considérables…

L'*acqua alta* est due à la conjonction de plusieurs phénomènes, en particulier lorsque soufflent en même temps le sirocco (vent du sud) et la bora (vent du sud-est) qui provoquent de hautes vagues, dirigent un fort courant vers le fond de l'Adriatique et augmentent considérablement l'importance de la marée, pour peu que la lune soit pleine et au maximum de son attraction.

La place que chacun veut voir

Lorsque la place Saint-Marc est déserte – ce qui n'arrive qu'en pleine nuit –, on voit sur le pavement les dessins de pierre blanche d'Istrie réalisés en 1723 par l'architecte Andrea Tirali. Mais la Piazza est la plupart du temps le domaine des touristes… et des pigeons !

Sauver Venise

Dès le XIVe siècle, les Vénitiens veillent à l'équilibre hydrographique de la lagune. Une Magistrature des Eaux est créée. L'effort se poursuit jusqu'à la chute de la République dans plusieurs directions : consolidation des îles et des lidos, plantation d'arbres pour fixer le sol, assainissement des marais et abandon des salines, drainage des canaux, percement de nouvelles voies navigables, et suppression des estuaires de fleuves côtiers qui menaçaient de combler progressivement la lagune en charriant trop d'alluvions. Des bras forcés, protégés par des digues, permirent ainsi de détourner la Brenta, le Bacchiglione, le Musone, le Sile, la Piave, qui se jetèrent désormais directement dans l'Adriatique. Au XVIIIe siècle, le lido de Pellestrina – étroite bande sablonneuse – fut protégé de l'assaut destructeur des vagues par une ligne de digues appelées *murazzi :* il fallut un peu plus de quarante ans, de 1740 à 1782, pour édifier cette barrière d'énormes blocs de pierre d'Istrie, large de quatorze mètres, longue de quatorze kilomètres, et s'élevant à 4,5 m au-dessus du niveau moyen des vagues. Aux XIXe et XXe siècles enfin, les trois "bouches" des lidos (Chioggia, Malamocco, San Nicolo) furent consolidées par des jetées de pierre avançant dans la mer.

Les grands travaux d'aménagement de l'ère moderne ont bouleversé l'équilibre précaire de la lagune. Ce fut tout d'abord le pont ferroviaire, qui diminua l'effet de chasse dû aux marées, puis la construction de Porto Marghera, à partir de 1919, sur plusieurs centaines d'hectares de *barene* (bancs de terre où pousse une maigre végétation, immergés seulement aux grandes marées) ; ces travaux reprirent dans les années cinquante, avec un agrandissement des terrains et l'aménagement du **canal Victor-Emmanuel**, entre Malamocco et Mestre, permettant le passage des navires pétroliers. Outre une très importante pollution chimique atteignant l'air et l'eau, le comblement d'une partie de la lagune, vers Marghera, et le canal ont encore ralenti le passage du flux et du reflux des marées, provoquant une insalubrité grandissante dont Venise fait les frais.

A l'aube de l'an 2000, le Consortium Venezia Nuova met tout en œuvre pour sauvegarder l'écosystème lagunaire (où le WWF a créé une réserve d'oiseaux) : dragage des canaux, renforcement des quais et jetées, remise en état de certaines îles à l'abandon, gel de l'extension de Marghera, suppression annoncée du terminal pétrolier, réimplantation de la flore sous-

Derrière les monuments, les usines…

Avec l'acqua alta, la pollution atmosphérique est un des deux périls qui menace sans cesse Venise. Pierres, marbres et briques souffrent des émanations proches du complexe industriel de Porto Marghera.

marine, et élaboration d'un système de défense contre l'*acqua alta*. Ce projet, baptisé *Mosè* (Moïse), consiste à installer dans les trois passages des lidos quatre-vingts modules reposant sur le sol marin : de véritables portes articulées qui se redresseront à l'annonce d'une marée trop élevée, bloquant les passes le temps nécessaire pour éviter une inondation. Sauver Venise : une utopie qui a toutes les chances de devenir réalité.

LES TRÉSORS DE VENISE

Sous l'influence de Byzance

Le choc des époques et des styles

Venise, ou l'accumulation des splendeurs : la cité entière, à l'image du foisonnement architectural et décoratif qui est celui de la **place Saint-Marc**, offre un panorama exceptionnellement riche des styles qui se succédèrent dans la cité des doges, des origines byzantines à la chute de la République.

Qu'on en juge : sur la **Piazza**, véritable caverne d'Ali Baba où les Vénitiens entreposèrent à de multiples reprises leur butin guerrier, l'œil ne se choque pas devant un amoncellement de trésors où les époques se juxtaposent : **basilique** et **campanile** du XIe siècle, **palais Ducal** aux façades gothiques, **Procuraties** et **bibliothèque Marciane** Renaissance, **tour de l'Horloge** fin XVe, colonnes égyptiennes du XIIe siècle supportant un ***saint Théodore*** grec et un lion persan du IVe – à moins qu'il ne s'agisse d'une chimère chinoise –, **hôtel des Monnaies** du XVIe, pavements de la place en trachyte et pierre d'Istrie du XVIIIe, tétrarques égyptiens du IVe siècle, piliers syriens de Saint-Jean-d'Acre (VIe), aile napoléonienne néo-classique de 1810-1815... L'inventaire des merveilles accumulées par les Vénitiens dans cet espace qui fut le véritable cœur de la cité pourrait ainsi se prolonger, préparant le visiteur à accepter ce saut permanent dans le temps auquel nous invite Venise.

Un groupe mystérieux

On s'est longtemps interrogé sur l'identité des tétrarques de porphyre rouge, de style égypto-syriaque du IVe siècle. Ceux que la légende populaire vénitienne nomme les "quatre Maures" sont vraisemblablement l'empereur Dioclétien et trois autres chefs de la tétrarchie romaine. Ce groupe sculpté se trouvait sans doute sur une place de Constantinople avant d'être enchâssé dans le mur d'angle de la basilique proche de la porta della Carta.

La mémoire des origines

Une légende veut que la plus ancienne église de Venise soit **San Giacomo di Rialto** ; mais le petit sanctuaire niché au cœur du marché aux fruits et légumes, et que les habitants appellent familièrement **San Giacometto** ne date certes pas de l'an 421 : sa nef en croix grecque surmontée d'une coupole, ses colonnes de marbre et son porche portent cependant le sceau de la tradition vénéto-byzantine.

C'est sur l'île de Torcello que subsiste le plus ancien exemple d'architecture religieuse de la lagune : l'ensemble formé par la **cathédrale Santa Maria Assunta**, les restes du baptistère du VIIe siècle et l'**église Santa Fosca**.

Fondée en 639, reconstruite en 864 et remaniée au XIe siècle, **Santa Maria Assunta**, flanquée d'un campanile du XIe siècle, frappe par l'austérité de sa construction, encore renforcée par la présence de volets de pierre monumentaux aux fenêtres du côté sud. Elle conserve de ses origines une crypte en partie immergée, des fragments de pavements et de mosaïques, le trône épiscopal en briques et le sarcophage de ***saint Eliodore,*** premier évêque d'Altino. Haute, élancée, la nef romane, avec ses colonnes de marbre à chapiteaux corinthiens, témoigne de l'influence orientale adaptée au goût local, qui est l'essence du style vénéto-byzantin. Ainsi, le chœur est fermé par une iconostase, dont la transenne (clôture de marbre des premières basiliques chrétiennes) est ornée en particulier de motifs de paons buvant à la fontaine de la vie mystique, typiques de l'art religieux byzantin. Ornement le plus remarquable du sanctuaire, ses deux immenses mosaïques murales. Au revers du portail, *Le Jugement dernier* (XIe-XIIIe siècles) accumule sur six niveaux, au-dessous d'un Christ en gloire, divers épisodes évangéliques montrant Jésus triomphant de Satan et les élus séparés des damnés. La puissance suggestive de certaines scènes – l'enfer et ses tourments en particulier – montre la maîtrise des mosaïstes à qui

L'art roman orientalisant

C'est une impression orientale que dégage l'abside de la basilique des Santi Maria e Donato de Murano. Elle est due au recours à tout un vocabulaire décoratif typiquement byzantin : colonnettes géminées soutenant des arcs voussurés, frises en dents de scie et triangles renversés, reliefs sculptés.

Comme il était, où il était...

Le 14 juillet 1902, le campanile de Saint-Marc s'écroulait. Une chute que laissaient prévoir des fissures importantes. Le colosse ne fit aucune victime en s'écroulant, mais emporta l'angle de la bibliothèque Marciane et écrasa la Loggetta de Sansovino. Il fut aussitôt décidé que le campanile serait reconstruit "comme il était, où il était": les travaux furent achevés en 1912.

l'on doit également la *Vierge à l'enfant* (XIIIe) qui occupe l'intérieur de la coupole de l'abside. Surmontant la frise des Apôtres (XIIe), la Madone, longue silhouette élancée vêtue de bleu, se détache d'un fond doré, posant sur l'assemblée un regard d'une étrange gravité.

Rattachée à la cathédrale par un portique couvert du XIVe siècle, l'église dédiée à ***sainte Fosca*** et conçue pour abriter les restes de la martyre, est un harmonieux édifice octogonal du XIe siècle surmonté d'une coupole inachevée. La nef en croix grecque est composée de colonnes de marbre aux chapiteaux byzantins et romans.

La plus belle abside de la lagune

L'influence byzantine se fait également sentir à Murano, dans la basilique des **Santi Maria e Donato**, fondée au VIIe siècle et reconstruite en 1125, à l'occasion du transfert des reliques de ***saint Donat***. La nef tripartite aux colonnes de marbre adopte le plan basilical. Les pavements de mosaïque (1140), s'inspirant de l'iconographie paléochrétienne, montrent de beaux motifs géométriques et animaliers aux vives couleurs : paons buvant dans un calice, deux coqs transportant un renard, poissons, aigles.

Sous le plafond en carène de navire (XVe siècle), se détache, sur la voûte de l'abside, la mosaïque de la *Vierge orante* (XIIIe). L'extérieur joue sur les contrastes entre une façade nue et l'abside où la virtuosité du génie roman s'allie aux figures de styles byzantines. Avec ses deux étages – l'un d'arcatures aveugles et le plus élevé ouvrant sur une loggia aux fines colonnettes – il tire parti d'un savant mélange de matériaux : brique, terra cotta et pierre d'Istrie. L'ensemble, se détachant sur une petite place, reflété dans l'eau d'un canal, demeure l'un des plus beaux témoignages de l'art vénéto-byzantin.

Les fastes de "l'église d'Or"

Edifiée dès 1063, par ordre du doge ***Domenico Contarini,*** sur l'emplacement de deux précédents sanctuaires, la **basilique Saint-Marc**, consacrée en 1094, prend pour modèle celle des **Saints-Apôtres** de Constantinople. A l'origine, c'est un sanctuaire de brique rose, en forme de croix grecque, surmonté de cinq coupoles. Celles-ci seront recouvertes au XIIIe siècle d'une seconde coupole sur charpente, plaquée de plomb, et d'un lanternon en bulbe, tandis que la **basilique**, où la lumière ne pénètre que par de petites ouvertures doublées d'albâtre, s'enrichit au fil des siècles de nombreux apports. La façade aux cinq portails est à elle seule un véritable trésor : placage de marbre, colonnettes de porphyre, bas-reliefs paléochrétiens et byzantins, chapiteaux ravennates du IVe siècle, voussures du portail central ornées de sculptures romanes (le *Zodiaque*, les *Mois*, les *Métiers* et les *Arts*, les *Vertus*), mosaïque du XIIIe siècle (au portail gauche de saint Alipio) représentant la *Translation du corps de saint Marc*. Les porches reçoivent à l'époque gothique un couronnement de pinacles, œuvre des frères ***Jacobello*** et ***Pier Paolo Dalle Masegne*** (v.1385).

Le côté nord de la **basilique**, donnant sur la **piazzetta dei Leoncini** (du nom des deux petits lions de porphyre qui la décorent), ouvre sur la **porta dei Fiori** (porte des Fleurs), ornée de rares sculptures byzantines. Contre la façade a été érigé le tombeau de ***Daniele Manin***, artisan du soulèvement républicain de 1848.

La façade méridionale, fermée par une porte de bronze (XIVe siècle), était autrefois l'accès principal qu'empruntaient le doge et les dignitaires pour pénétrer dans la **basilique** et vers le **baptistère**.

Sur la terrasse à balustrade, d'où le doge assistait aux grandes fêtes, sont installés en 1204 les chevaux de Constantinople. Le fameux quadrige fondu non pas en bronze, mais en cuivre pur, a été longtemps attribué par certains historiens au sculpteur grec ***Lysippe,*** mais il s'agit plus vraisemblablement d'une œuvre gréco-romaine du IIe siècle de notre ère. Les chevaux originaux, après divers périples (l'épopée napoléonienne, les deux conflits mondiaux), ont trouvé refuge de nos jours – pour fuir la pollution – à l'intérieur de la **basilique**, des copies occupant désormais la **Loggia dei Cavalli**.

Saint-Marc en gloire

Tous les embellissements de l'époque gothique sont visibles sur ce tableau du XVIIIe siècle dû à Gabriel Bella, où l'on voit le doge et sa suite participer, en la basilique Saint-Marc, à la célébration de la fête des Rameaux.

Pages suivantes

Un trésor inestimable

Jadis, la Pala d'Oro, prodigieux travail d'orfèvrerie byzantine, puis vénitienne, n'était montrée aux fidèles qu'à l'occasion de certaines cérémonies. Depuis la fin du siècle dernier, elle est placée au dos de l'autel principal de la basilique. Pièce majeure du trésor de San Marco, la Pala d'Oro est incrustée de trois mille pierres précieuses et semi-précieuses.

Mosaïques et icônes précieuses

L'intérieur de **San Marco**, dès le XIIe siècle, reçoit un pavement de marbre aux allures de riche tapisserie, ainsi qu'une parure de mosaïques qui couvriront plus de 4000 m^2 lors de leur achèvement au XVIIIe siècle. Dans les premiers temps, des artistes de Constantinople y travailleront, relayés ensuite notamment par des peintres comme ***Mantegna***, ***Paolo Uccello***, ***Andrea del Castagno***, ***Véronèse***, ***Titien*** et ***Tintoret*** qui dessineront les cartons de certains tableaux. Les tesselles utilisées pour les mosaïques sont façonnées par les verriers de Murano, qui emploient en quantité la feuille d'or, délicatement emprisonnée entre deux couches de verre : **San Marco** sera bientôt connue comme la **Chiesa d'Oro** – l'église d'Or. Dans le narthex de la basilique, les mosaïstes ont traité des sujets illustrant l'Ancien Testament, tandis qu'à l'intérieur du sanctuaire se déroulent des scènes inspirées par la vie du Christ et son enseignement. La lumière et les ombres jouent subtilement sur cet ensemble exceptionnel, donnant au visiteur l'impression de pénétrer au sein d'une immense châsse dorée vouée au recueillement et à l'adoration.

Les Vénitiens ont conservé une grande dévotion à l'égard de la *Madone Nicopeia*, ou *Vierge de la Victoire*, œuvre byzantine du Xe siècle que les empereurs de Constantinople emportaient avec eux lors des combats, tradition que les doges reprirent après avoir dérobé la précieuse icône en 1204. Derrière l'iconostase surmontée par les statues de la Vierge et des apôtres (œuvre des frères ***Dalle Masegne***, 1394), l'autel, qui renferme les reliques de ***saint Marc***, sert d'écrin à la *Pala d'Oro*, retable composé de quatre-vingts émaux enchâssés dans des plaques d'or et d'argent, constellées de pierres et de perles précieuses. Commencée en 976 à Byzance pour le doge ***Pietro Orseolo***, la *Pala d'Oro* fut enrichie pendant plusieurs siècles par les soins d'orfèvres vénitiens et siennois qui la placèrent dans un cadre gothique en 1345. Comme bien des trésors de la **basilique**, ce chef-d'œuvre montre assurément l'immense influence de l'art byzantin – et ravennate – dans Venise, à l'époque où l'art roman impose ses canons en Europe, impression que l'on retrouvera devant certains des plus vieux palais du Grand Canal, comme **Ca' da Mosto**, **Ca' Loredan** ou le **Fondaco dei Turchi**, dont une restauration quelque peu abusive a le mérite de montrer la physionomie originelle d'une *casa fondaco* vénéto-byzantine avec ses deux tours d'angle. Le petit sanctuaire consacré à

L'Arche de Noé

C'est dans le narthex de la basilique Saint-Marc que se trouvent certaines des plus anciennes mosaïques, traitant des sujets extraits de l'Ancien Testament : Moïse libérant les animaux de l'Arche date du XIIIe siècle.

saint Jean décapité (**San Zan Degolà**) témoigne également de ce style oriental, de même que les églises **San Giacomo dell'Orio** et **San Nicolo dei Mendicanti**, qui conservent, malgré des remaniements ultérieurs, une structure basilicale et un campanile à baies polygéminées. Seul le cloître de **Sant'Apollonia** (XIIe-XIIIe), situé derrière les prisons du **palais Ducal**, illustre le pur style roman bénédictin à Venise.

Métamorphoses de la cité

Un gothique fleuri

Aux fastes byzantins succède à travers la cité le style gothique, illustré aussi bien dans les grandes églises bâties par divers ordres monastiques, que dans les palais que les familles patriciennes se font construire le long du Grand Canal et à travers les divers *sestiers* de Venise, dont l'urbanisation s'accélère dès le XIIIe siècle. Les passerelles de bois cèdent la place aux ponts de pierre en dos d'âne, le réseau d'habitations se resserre, l'espace insulaire commence à prendre la physionomie que nous lui connaissons. Le style gothique, stimulant l'imagination créatrice des architectes, tailleurs de pierre et sculpteurs comme ***Giovanni Bon*** (1383-1442) et son fils ***Bartolomeo*** (1422-1464), les frères ***Dalle Masegne*** ou ***Antonio Rizzo,*** va donner à la cité quelques-unes de ses plus belles réalisations, comme la façade du **palais des Doges** ou la **Ca' d'Oro**. Mais la Venise gothique, loin de renier ses origines orientales, trouve une expression originale, synthèse harmonieuse des deux influences : à l'exubérance du style flamboyant qui déferle à travers l'Europe correspond ce que l'on nomme ici le gothique fleuri, dessinant entre ciel et eau des arabesques d'une légèreté incomparable.

Les grands temples de la foi

L'implantation des ordres religieux prêcheurs est à l'origine de la construction des plus grandes églises de Venise. Les Augustins font bâtir dès le XIIIe siècle **Santo Stefano** (achevée en 1374), typique d'une architecture qui trouvera son illustration la plus grandiose avec l'église des Dominicains, **Santi Giovanni e Paolo**, et celle des Franciscains, **Santa Maria Gloriosa dei Frari** : immenses vaisseaux de brique rose en croix latine (mais parfois sans transept), nefs sans déambulatoire, où la lumière pénètre surtout par les hautes et étroites fenêtres du chœur, larges piles soutenant un plafond en carène de navire – qui subsiste à **Santo Stefano**, avec sa polychromie, ou à **San Giacomo dell'Orio** – mais sera bien souvent remplacé par une voûte d'ogives. A la rigueur de la brique s'oppose la décoration en pierre blanche d'Istrie, concentrée sur le portail (celui de **Santo Stefano** est dû à ***Bartolomeo Bon***), les roses, les corniches et les pinacles. Chacune de ces églises est flanquée d'un ou de plusieurs cloîtres, et d'une *scuola*: il ne s'agit pas là d'écoles, mais de confréries religieuses à vocation charitable et bienfaisante. Tout comme les grands ordres monastiques, les *scuole* ont contribué à l'épanouissement de la peinture vénitienne en faisant exécuter par les plus fameux artistes du temps la décoration de leurs salles.

La construction de **Santi Giovanni e Paolo** – que les Vénitiens appellent **San Zanipolo** – a commencé en 1246 et s'est poursuivie sur près de deux siècles, la façade demeurant inachevée. Avec sa nef tripartite de plus de cent mètres, l'église dominicaine – la plus vaste de Venise – est un modèle de dépouillement et de légèreté. Elle abrite – tout comme les **Frari** – les tombeaux de nombreux doges et grandes figures de la République, dont ***Pietro Mocenigo, Marc Antonio Bragadin, Leonardo Loredan*** et ***Andrea Vendramin***, ainsi que diverses toiles de ***Vivarini, Lotto, Cima da Conegliano,*** le *Polyptyque de saint Vincent Ferrier* de ***Giovanni Bellini*** et un plafond de ***Piazzetta***, la *Gloire de saint Dominique*. La **chapelle du Rosaire** est décorée de plusieurs œuvres de ***Véronèse***.

La deuxième "plus belle place"

Sur le **campo Santi Giovanni e Paolo** se détache la façade Renaissance de la **Scuola Grande di San Marco** – aujourd'hui Hôpital civil –, avec ses quatre arcades en trompe-l'œil dues à ***Pietro Lombardo*** et son couronnement à multiples lunettes achevé par ***Mauro Codussi.*** La place, une des plus spacieuses de Venise, est dominée par la silhouette d'une statue équestre fameuse, celle de ***Bartolomeo Colleoni,*** condottiere du XVe siècle au service de Venise, qui légua sa fortune à la République, à condition que soit élevé un monument à sa mémoire sur la **place Saint-Marc**. Le Sénat y proscrivant toute construction, c'est auprès de la *scuola* portant le nom du saint patron de Venise que le ***Colleoni*** obtint de figurer ! La majestueuse statue équestre (1496) est une œuvre d'***Andrea Verrocchio*** terminée après la mort du sculpteur toscan par ***Alessandro Leopardi***.

Des palais byzantins

Sur le Grand Canal, certains des plus anciens palais – ici Ca' Loredan et Ca' Farsetti – montrent bien, malgré divers remaniements, leur origine vénéto-byzantine.

L'église des Franciscains

Fondée au XIIIe siècle, puis reconstruite de 1330 à 1433 par les frères mineurs, des religieux franciscains, **Santa Maria Gloriosa dei Frari** est, avec **San Zanipolo**, l'une des deux plus majestueuses églises de Venise et, comme elle, un panthéon à la gloire de quelques-unes de ses plus fameuses figures, comme le ***Titien***, les doges ***Nicolo Tron***, ***Francisco Dandolo***, ***Pietro Foscari*** et ***Jacopo Pesaro***, le compositeur ***Claudio Monteverdi*** et le sculpteur ***Antonio Canova***.

Comme à **Zanipolo**, l'immense édifice de brique concentre toute sa décoration de pierre blanche au portail et aux pinacles. Le campanile du XIVe siècle est, après celui de **San Marco**, le plus élevé de Venise. L'élan de la nef, soutenue par d'imposantes piles rondes reliées par des tirants de bois, est ici brisé par la clôture du chœur – la seule subsistant à Venise. Le jubé de marbre sculpté, commencé à l'époque gothique par ***Bartolomeo Bon***, fut achevé pendant la Renaissance par les ***Lombardo***. Les cent vingt-quatre stalles (1468) sont de ***Marco Cozzi***. Parmi les œuvres d'art, on remarque particulièrement deux chefs-d'œuvre du ***Titien***, la *Madone de Ca' Pesaro* et surtout l'*Assomption* (1518), spécialement peinte pour le maître-autel de l'église, ainsi qu'une *Vierge en majesté avec saints* (1488) de ***Giovanni Bellini***. La statuaire, tout aussi riche, compte un *Saint Jérôme* d'***Alessandro Vittoria*** et un *Saint Jean-Baptiste* polychrome de ***Donatello*** (1450).

Parmi les autres sanctuaires de la même époque, l'église gothique de **San Polo** renferme dans sa sacristie un *Chemin de croix* (1747) de ***Giandomenico Tiepolo***. Derrière la Riva degli Schiavoni, **San Giovanni in Bragora**, petit édifice fondé au VIIIe siècle, rebâti au XVe (avec des modifications au XVIIIe, comme de nombreuses églises vénitiennes), possède un charme particulier. L'on y voit une *Vierge avec saints* (1478) de ***Bartolomeo Vivarini***, ainsi que le *Baptême du Christ* (1495) de ***Cima da Conegliano***. Les amoureux de la musique auront une pensée pour ***Antonio Vivaldi***, qui reçut le sacrement du baptême dans cette église. Quant à l'église **Santa Maria della Carità**, elle est intégrée depuis le XIXe siècle au **musée de l'Accademia**.

La maison de Desdémone

Si l'on en croit la légende, c'est dans le petit palais Contarini Fasan, bâti au milieu du XVe siècle, qu'aurait vécu Desdémone, immortalisée par Shakespeare dans Othello. Le dessin circulaire des balcons du palais est unique à Venise.

Une Madone dans un jardin

Avec **Madonna dell'Orto**, située à l'extrême nord du *sestier* de Cannaregio, nous retrouvons une monumentale construction de brique rose du XVe siècle – dominée par un campanile à bulbe du XVIe – dont l'harmonieuse silhouette se détache sur le fond d'une placette, proche de la maison du ***Tintoret***, et du gothique **palazzo Mastelli**, demeure de riches marchands orientaux dont les statues semblent surgir des murs donnant sur le **campo dei Mori**.

L'église fut consacrée à la Vierge, après la découverte, dans un jardin proche de l'**Abbazia della Misericordia**, d'une madone miraculeuse – d'où le nom de **Madonna dell'Orto** (Madone du jardin). Le sanctuaire, riche de toiles de ***Giovanni Bellini*** *(Vierge à l'enfant)* et ***Cima da Conegliano*** *(Saint Jean-Baptiste avec saints)* est avant tout l'église de ***Tintoret***, celle où le peintre repose et pour laquelle il exécuta d'immenses œuvres demeurées sur place. Particulièrement remarquables sont l'*Adoration du veau d'or* et la *Présentation de Marie au Temple*. Non loin du **Ghetto**, l'**église de San Alvise** (1338) a été décorée au XVIIIe siècle de trois toiles de ***Giambattista Tiepolo***.

Des palais à travers la cité

Dès le XIIIe siècle, les palais vénitiens vont modifier leur aspect primitif, les architectes concentrant leurs efforts sur le décor extérieur. La façade, en particulier, souligne l'importance de la riche pièce d'apparat de l'étage noble – le *portego* – grâce à une série de colonnes réunies entres elles par des arcatures ogivales, et formant une loggia. Motifs tréflés ou quadrilobés font partie du vocabulaire décoratif que l'on retrouve dans bien des palais disséminés à divers points de la ville – ce qui montre le grand succès rencontré par le style gothique.

C'est, près des **Mendicoli**, le **palais Ariani**, du XIVe siècle, dont le décor raffiné, de même que l'escalier, annoncent les splendeurs de la **Ca' d'Oro** ; le **palais Agnus Dio**, voisin de **Ca' Pesaro**, dont les fenêtres en ogive sont surmontées de sculptures du XIVe montrant l'Annonciation et les symboles des Evangélistes ; le **palazzo Centani**, plus connu sous le

nom de **Ca' Goldoni**, où naquit le célèbre écrivain, ravissante demeure au bel escalier donnant sur une cour avec puits et loggia. Derrière **Santo Stefano** se trouve le **palais Pesaro degli Orfei**, mieux connu sous le nom de son plus illustre propriétaire, le peintre et créateur de tissus ***Mariano Fortuny***, mort en 1950, dont les robes furent immortalisées par ***Proust*** dans *A la recherche du temps perdu.* A Cannaregio, le **palais Soranzo-Van Axel** a conservé sa porte de bois sculpté du XVe siècle.

Au fil du Grand Canal

Sur le Canalazzo – ainsi les Vénitiens appellent-ils le Grand Canal – nombreux sont les palais gothiques de grande envergure : le **palais Bernardo** (1442), superbe exemple de gothique fleuri, avec son triple étagement de baies et son escalier soutenu par des voûtes ogivales ; le **palais Loredan degli Ambasciatori**, le **palais Cavalli-Franchetti** et son voisin le **palais Barbaro** (XVe), qui reçut écrivains et artistes comme ***Robert Browning, Henry James, Claude Monet*** ou le compositeur ***Cole Porter*** qui y donna des fêtes mémorables pendant les années folles quand il ne louait pas la **Ca' Rezzonico** ; le **palais Pisani-Moretta** (XVe), avec ses deux loggias superposées.

Monumental, l'ensemble formé par **Ca' Giustinian**, où ***Wagner*** écrivit une partie de *Tristan et Isolde,* et **Ca' Foscari**, demeure prestigieuse de l'ambitieux doge ***Francesco Foscari***. C'est sous son toit que fut reçu en 1574 ***Henri de Valois***, futur ***Henri III***, à son retour de Pologne, visite qui donna lieu à des festivités qui firent date dans l'histoire vénitienne. Aujourd'hui, **Ca' Foscari** est le siège de l'Université.

Sans doute, parmi les joyaux de l'architecture gothique tardive (moitié du XVe siècle), faut-il mettre à part le **palazzetto Contarini-Fasan**, qui fait face à l'**église de la Salute**. Sa loggia et ses balcons, ornés de rosaces de pierre sculptées avec une délicatesse extrême, sont d'un style unique à Venise. Quant à la légende qui s'y attache, elle a de quoi stimuler l'imagination, puisque la tradition en fait la demeure de ***Desdémone***, noble dame qui finit assassinée par son mari jaloux, membre de la famille ***Moro***. On sait le sort que ***William Shakespeare*** fit à la tragique histoire d'***Othello***...

La plus belle rue qui soit au monde...
Le Grand Canal doit sa forme en "S" inversé au lit d'un ancien fleuve côtier. Long de 3800 mètres, il présente une profondeur d'environ cinq mètres tandis que sa largeur va de trente à soixante-dix mètres.

Les sortilèges de la Ca' d'Oro

Avec la **Ca' d'Oro**, le gothique fleuri trouve à Venise son chef-d'œuvre absolu – avec le **palais des Doges** –, et l'œil du visiteur ne peut qu'être fasciné par ce qui est la plus belle demeure privée de la cité. Le procurateur ***Marino Contarini*** conserva d'un précédent palais byzantin, appartenant à la famille ***Zeno***, quelques éléments que l'architecte ***Matteo Raverti***, travaillant avec ***Giovanni*** et ***Bartolomeo Bon*** (de 1424 à 1434), intégra à cette construction particulièrement originale : arcades et sculptures byzantines s'allient aux figures ogivales avec une virtuosité éblouissante, et tout dans cette architecture – jusqu'au couronnement du crénelage – montre avec quel bonheur s'est opérée cette union des influences orientale et occidentale. La légèreté est telle que la **Ca' d'Oro** semble une pièce d'orfèvrerie flottant délicatement sur les eaux du Grand Canal.

A l'origine, le **palais Contarini** portait un revêtement polychrome où se mêlaient le bleu outre-mer, le noir, le blanc et surtout l'or –, d'où le nom de la **Ca' d'Oro**, palais d'or, donné depuis ses origines à cette demeure de songe pour laquelle ***Raverti*** dessina l'escalier extérieur de la cour, et ***Bartolomeo Bon*** un puits de marbre rouge.

La **Ca' d'Oro** fut victime, au XIXe siècle, de la vision outrageusement romantique que bien des poètes et artistes avaient de Venise à l'époque. Lorsque le prince ***Alexandre Troubetskoï*** offrit le palais à la ballerine ***Marie Taglioni*** – créatrice de *la Sylphide* –, celle-ci mutila avec une totale absence de discernement ce chef-d'œuvre architectural, faisant détruire l'escalier et le portail donnant sur la rue, plaçant des balcons de fonte aux fenêtres… Il fallut à son propriétaire suivant, le baron ***Giorgio Franchetti***, beaucoup de patience et de moyens pour reconstituer à l'identique la **Ca' d'Oro**. En 1915, le mécène fit don à la ville de Venise du palais et des collections qu'il avait constituées et l'Etat fit l'acquisition du palais voisin, le **palais Giusti**, pour en faire une annexe de la **Ca' d'Oro** et l'ouvrir au public. Devenue musée sous le nom de **Galleria Franchetti**, la **Ca' d'Oro** possède des œuvres d'art de premier plan, parmi lesquelles le *Saint Sébastien* de ***Mantegna***, et des fragments de fresques (1508) de ***Giorgione*** et ***Titien*** qui ornaient la façade du **Fondaco dei Tedeschi**.

Une maison dorée

De tous les palais de Venise, la Ca' d'Oro, jadis revêtue d'or fin, est sans doute le plus raffiné dans son décor gothique semblable à une dentelle de pierre. Du balcon du portego, la vue sur le marché du Rialto est très pittoresque.

Le palais des Doges : l'orgueil de Venise

Du premier château, construit en 814, détruit en partie lors de la révolte de 976 et de nouveau mis à mal par l'incendie de 1106, on ne sait que peu de choses – tout au plus qu'il s'agissait d'un édifice muni d'importants dispositifs de défense. Le doge ***Sebastiano Ziani*** modifia l'apparence du fortin rebâti par ses prédécesseurs ***Pietro Orseolo Ier*** et ***Pietro Orseolo II***. Embellissements et agrandissements permirent de recevoir avec faste et dignité d'illustres visiteurs comme l'empereur ***Frédéric Barberousse*** et le pape ***Alexandre III***, à l'occasion de leur réconcilation. Au même moment, la **Piazza**, grâce au comblement du rio Batario, gagnait en espace et prenait les dimensions que nous lui connaissons, avec son ouverture sur la lagune marquée par les deux colonnes qui en sont la porte symbolique.

C'est à l'évolution des institutions du gouvernement, au nombre croissant des diverses assemblées que l'on doit la véritable refonte du **palais des Doges** au XIVe siècle. L'espace manquant, il faut transformer le vieux château fort en un palais digne de la splendeur de Venise. En 1340 a lieu la construction de la nouvelle salle du Grand Conseil, qui entraîne l'établissement de la façade gothique. Celle-ci part du pont de la Paille, s'étend du côté du môle, avec un retour équivalent aux sept premières colonnes de la **Piazzetta**. Le balcon d'où le doge apparaissait à la foule, lors des cérémonies et fêtes, ou pour saluer les visiteurs de haut rang arrivant par mer, est l'œuvre des frères ***Dalle Masegne*** (1404) ; véritable loggia, son décor délicatement ouvragé est surmonté d'une statue de la Justice, thème que l'on retrouve à plusieurs reprises dans la décoration externe du **Palais**, et qui était censé célébrer la vertu principale du gouvernement de la Sérénissime République.

Un décor profondément original

La prodigieuse réussite de l'ensemble extérieur du **palais des Doges** repose sur l'idée hardie d'une complète inversion des valeurs habituelles et des masses : ainsi une galerie à colonnes soutient-elle d'immatérielles arcatures, et le troisième étage – le plus volumineux – semble suspendu dans les airs. A la légèreté de la partie médiane, véritable dentelle de pierre,

Triomphale

Admirable façade du palais Ducal, défi à la pesanteur ! C'est de ce balcon (1536, œuvre de Bartolomeo et Giovanni Bon) donnant sur la Piazzetta que le doge assistait aux cérémonies et fêtes publiques.

Le pont des Soupirs et l'Ivresse de Noé

Insolite, avec son arche unique couverte lancée entre le palais des Doges et les Prisons neuves, le pont des Soupirs est devenu un des monuments les plus symboliques de Venise.

Page en regard

Adam et Eve

Parmi les plus belles sculptures externes du Palais, l'Ivresse de Noé et Adam et Eve sont, pour beaucoup d'historiens de l'art, l'œuvre d'artistes toscans, mais certains en attribuent la paternité à Matteo Raverti.

correspond la subtile décoration de la masse supérieure, quadrillage de marbre rose et blanc qui en allège considérablement l'allure.

Les chapiteaux des colonnes, sculptés entre la fin du XIVe et le début du XVe siècle, représentent diverses scènes allégoriques, des animaux, des têtes humaines, les signes du zodiaque, les vices et les vertus, les arts et métiers. Aux deux angles du môle, les colonnes sont surmontées par deux très beaux groupes sculptés : *Adam et Eve*, et l'*Ivresse de Noé* (fin XIVe), œuvres d'artistes toscans.

Plusieurs incendies ayant ravagé le **palais des Doges**, ***Andrea Palladio*** proposa un nouveau projet de façade qui devait s'harmoniser avec la **Libreria Marciana** (1529) de ***Jacopo Sansovino***, mais on se borna à une restauration à l'identique.

En 1424, sous l'impulsion du doge ***Francesco Foscari***, ***Bartolomeo*** et ***Giovanni Bon*** sont chargés de prolonger la façade du **Palais** sur la **Piazzetta**, tandis qu'un second balcon (1536) inspiré de celui des **Dalle Masegne** vient l'orner. La jonction avec la **basilique** est établie grâce à l'édification de la **porta della Carta** (porte du papier), ainsi appelée soit parce que les écrivains publics se réunissaient dans les parages pour y proposer leurs services, soit parce que les décrets y étaient apposés. Œuvre de la famille ***Bon***, réalisée de 1438 à 1443, la porte, apogée du gothique vénitien, concentre dans son programme sculptural un résumé des vertus du gouvernement : justice, force, tempérance, prudence et charité. On y voit le doge ***Foscari*** s'agenouillant devant le lion de ***saint Marc***. Cette sculpture, détruite en 1797, a été reproduite au XIXe siècle. A l'origine, la **porta della Carta** reçut un revêtement polychromé, bleu et or, ces deux couleurs s'harmonisant avec le rose du **palais Ducal**, les diverses teintes des mosaïques et les ors des pinacles de la **basilique**.

Du côté du rio, une façade Renaissance, imaginée par ***Antonio Rizzo*** et terminée au XVIIe siècle, fait face aux **Prisons neuves**, construites par ***Antonio da Ponte*** en 1566, auxquelles on accède par le **pont des Soupirs**. Bâti en pierre d'Istrie par ***Antonio Contino*** vers 1600, le **pont des Soupirs** doit son nom aux gémissements résignés des prisonniers qui venaient d'être jugés par la *Quarantia criminal* ou l'un des autres tribunaux, et que l'on conduisait vers les cachots. Rien de commun avec les soupirs des couples d'amoureux qui, depuis des lustres, sont passés sous la haute arcade du pont, tendrement enlacés à bord d'une gondole !

De nombreux chefs-d'œuvre

La cour du **palais des Doges**, avec ses deux margelles de bronze fondues dans les ateliers de l'**Arsenal** (1559), montre clairement la transition entre les styles gothique et renaissant. Le revers de la façade, très austère, contraste avec l'harmonieuse construction de pierre due aux talents conjugués de ***Rizzo***, des ***Lombardo*** et de ***Scarpagnino***. On pénètre dans la cour en passant sous les voûtes du **portique Foscari**, prolongé par un arc de triomphe dans le goût de la Renaissance, d'où se détachent *Adam et Eve* (v. 1483), deux sculptures de ***Rizzo***, également maître d'œuvre de la délicate **Scala dei Giganti** (escalier des Géants), dominée par les statues colossales de ***Mars*** et ***Neptune*** (1554) par ***Sansovino***. C'est en haut de ces marches que le doge était couronné et recevait le *corno,* entre ces deux divinités symbolisant à merveille la domination de Venise sur terre et sur mer.

L'intérieur du **Palais**, auquel conduit la **Scala d'Oro** (escalier d'or, également de ***Sansovino***), permet à la fois de mieux appréhender toute la complexité des rouages du gouvernement, et de constater l'extrême richesse d'un bâtiment qui était en même temps la tête et le cœur de la ville et de son empire. Les nombreuses pièces, croulant sous les boiseries, les stucs et les ors, rivalisent de luxe et recèlent toutes de très nombreuses toiles des maîtres de la peinture vénitienne, célébrant la gloire de la cité lagunaire. C'est, dans la salle des Quatre Portes, *Neptune offrant à Venise les fruits de la mer,* de ***Giambattista Tiepolo*** ; dans l'Anticollège, l'*Enlèvement d'Europe* (1580) de ***Paolo Véronèse,*** à qui l'on doit aussi, dans la salle du Collège, le plafond où brille particulièrement *Venise trônant avec la justice et la paix* (1577). Le *Lion de saint Marc,* par ***Carpaccio***, se trouve dans les appartements privés du doge, le *Jugement dernier* de ***Palma le Jeune*** dans la salle du Scrutin ; quant à la salle du Grand Conseil – où l'on voit l'*Apothéose de Venise,* par ***Véronèse,*** pièce maîtresse d'un plafond divisé en trente-cinq caissons –, son décor grandiose est encore rehaussé par la présence, sur un mur entier, de la plus grande huile sur toile (7 m x 22 m) jamais peinte, *Le Paradis* de ***Tintoret*** (1588-90), auquel le vieux maître travailla avec son fils ***Domenico*** et ***Palma le Jeune***. On ne peut qu'être saisi devant un tel foisonnement de personnages, anges et archanges, évangélistes, saints et

pères de l'église planant au milieu des nuées dominées par le Christ et la Vierge... Cette toile colossale est venue remplacer la fresque du Padouan ***Guariento,*** disparue dans un incendie tout comme d'autres œuvres de ***Carpaccio*** et ***Bellini***.

Du balcon de la salle du Grand Conseil, la vue sur le bassin de San Marco, l'île de San Giorgio Maggiore et la Giudecca est superbe. Mais il ne faudrait

pas pour autant négliger un parcours pittoresque à travers des salles au nom insolite, comme celle de la *Bussola* (ce mot désignant une porte à tambour) où se trouve une bouche de lion pour les dénonciations, ou encore celle des Ecarlates – la couleur de l'habit porté par les conseillers du doge. Les amateurs de frissons passeront, après la salle du Conseil des Dix et son extraordinaire **Armurerie**, à la petite salle des Trois inquisiteurs d'Etat, reliée à une chambre de tortures et aux prisons ; les **Prisons neuves**, sous les toits – d'où le nom de plombs donnés aux cachots ; les **Prisons vieilles**, à fleur d'eau – d'où l'appellation de puits pour désigner leurs cellules. Le récit de l'évasion célèbre de ***Casanova*** a beaucoup fait pour entourer ces prisons d'une aura de terreur et de mystère entretenue par toute une littérature romanesque fort éloignée de la réalité…

La salle du Collège

Le gouvernement, composé du doge et de ses conseillers, des sénateurs et des représentants des différentes instances formant un collège de vingt-six membres, se réunissait dans cette salle du Palais décorée par Véronèse et Tintoret.

Les fastes de la Renaissance

Une apparition tardive

L'épanouissement du gothique fleuri et le succès qu'il rencontra retardèrent à Venise l'arrivée du style renaissant, jusqu'au dernier tiers du XVe siècle. La cité, si influencée par l'Orient dans son architecture et sa décoration, mit un certain temps à accepter le retour aux sources helléniques et romaines prôné par les artistes toscans et lombards.

Sous l'impulsion du doge ***Francesco Foscari***, ***Pietro Lombardo*** (1435-1515) et ses deux fils ***Antonio*** et ***Tullio*** viennent travailler au **palais Ducal**. Ils seront à l'origine de la création de bien des monuments et palais de la cité, en compagnie d'autres "étrangers" comme ***Mauro Codussi*** – ou ***Coducci*** – (1440-1504) venu de Bergame, les Véronais ***Sanmicheli*** (1484-1559) et ***Antonio Rizzo*** (mort en 1499), ainsi que ***Jacopo Sansovino*** (1486-1570) de Florence. Tous ces artistes vont contribuer à donner un nouveau visage à Venise – ou du moins à en modifier considérablement l'aspect, comme le feront aussi ***Antonio da Ponte*** (1512-1597), ***Vincenzo Scamozzi*** (1552-1616) et ***Andrea Palladio*** (1508-1580), tous deux originaires de Vicence.

Andrea Palladio imposera une vision classique mettant la perfection de la forme au service d'une idée, mais il aura plus de latitude à s'exprimer dans sa ville natale où il créera de très nombreux édifices, que dans une Venise conservatrice.

Le passage du gothique fleuri à la première Renaissance, très sensible au **palais des Doges**, est visible à l'**Arsenal**, dont le portail en arc de triomphe, fermé de grilles et orné de statues allégoriques, est exécuté en 1460 par ***Antonio Gambello***. Le premier édifice qui témoigne véritablement de l'introduction de la Renaissance dans la lagune est l'**église San Michele in Isola**, dans l'île devenue cimetière par un décret de ***Napoléon*** en 1807. **San Michele**, bâtie en pierre d'Istrie, de 1469 à 1478, est la première œuvre vénitienne de ***Mauro Codussi***. A ses côtés se détache la petite **cappella Emiliana**, à l'insolite coupole de pierre, due à ***Guglielmo Bergamasco***, du XVIe siècle.

Un écrin pour une Vierge miraculeuse

Mais c'est à ***Pietro Lombardo***, qui signe en 1480 le portail et la cour de la **Scuola di San Giovanni Evangelista**, et redessine le portail de l'**église San Giobbe**, proche du Ghetto, que l'on doit le vrai joyau de la première Renaissance vénitienne : l'**église Santa Maria dei Miracoli**. Construite de 1481 à 1489 par ***Lombardo*** et ses fils pour abriter une *Vierge à l'enfant* de ***Nicola di Pietro*** que vénéraient particulièrement les gens du quartier, **Santa Maria dei Miracoli** surgit au détour du campiello Santa Maria Nova, véritable reliquaire de marbre, apparition rayonnante qui semble portée par l'eau du petit canal voisin. Avec sa façade à lunette en demi-cercle, ses arcs en plein cintre, ses pilastres, l'édifice témoigne de l'influence de l'architecture lombarde, judicieusement acclimatée à Venise par le toit en coupole et surtout le choix des matériaux précieux qui font de l'extérieur une vraie marqueterie de marbres polychromes, rehaussée de médaillons de porphyre et de serpentine. A l'intérieur du sanctuaire, tapissé de marbre rose et gris, la madone miraculeuse est placée sur un autel, dans le chœur surélevé, lui-même précédé d'une balustrade sculptée. Le plafond à caissons comporte cinquante panneaux peints en 1528 par ***Pier Maria Pennachi***, représentant saints et prophètes. On ne peut que regretter l'absence, dans ce lieu où flotte la grâce, de l'*Annonciation* de ***Giovanni Bellini***, placée depuis 1807 à l'**Accademia**, et dont le décor reprend celui de l'église pour laquelle le tableau fut peint.

Un palais pas comme les autres

Cette manière de faire vivre une façade en l'animant par le jeu des formes et des couleurs, on la retrouve dans un autre chef-d'œuvre de ***Lombardo***, le **palais Dario**, sur le Grand Canal. De proportions très modestes, la demeure construite pour ***Giovanni Dario*** en 1487 attire les regards par sa curieuse asymétrie, ses rosaces incrustées de porphyre et de marbre *verde antico*, ses immenses cheminées en cornet. ***Dario***, secrétaire de la chancellerie, représenta Venise pour la

Splendeur Renaissance

Modeste de dimensions, mais plus richement orné que toutes les imposantes demeures du Grand Canal, le palais Dario, chef-d'œuvre de Pietro Lombardo, semble plus florentin que vénitien avec sa façade comparable à un travail d'orfèvrerie. A gauche, le palais Barbaro (XVe).

IOANNES

signature d'un traité avec le sultan ***Mahomet II*** en 1479, et c'est alors qu'il fit remodeler ce petit palais gothique au goût du jour, avec un luxe peu commun. La parenté avec **Santa Maria dei Miracoli** est évidente, et ***Pietro Lombardo***, en véritable magicien, a créé un palais Renaissance aux allures d'iconostase byzantine. Au détour du XXe siècle, le **palais Dario** fut restauré par la ***comtesse de la Baume-Pluvinel***, qui y accueillit régulièrement le poète et écrivain ***Henri de Régnier***. Dans *l'Altana ou la vie vénitienne*, ce dernier nous fait partager les sortilèges d'une des demeures les plus attachantes du Grand Canal.

Le talent de ***Lombardo*** s'exerce encore à Venise à la **Scuola Grande di San Marco**, qui jouxte **Santi Giovanni e Paolo**, et pour laquelle l'architecte conçoit (entre 1487 et 1490) une façade dont le relief est assuré par d'audacieux trompe-l'œil, d'un réalisme déroutant, d'où surgit le lion de ***saint Marc !*** ***Mauro Codussi*** se chargera de la construction des étages supérieurs (1495), et ***Sansovino*** de la façade sur le canal.

Les créations de Mauro Codussi

Avec ***Mauro Codussi***, l'architecture religieuse et civile prend un tour aérien et coloré qui s'intègre sans mal au réseau urbain vénitien. ***Codussi*** aime superposer de longues colonnades d'ordres divers, surmontées d'arcs en plein cintre, et ses façades culminent avec des lunettes semi-circulaires, comme à l'église de **San Zaccaria**, une de ses dernières œuvres, où il reprit un travail commencé dans le style gothique par ***Gambello***. **San Zaccaria**, fondée au IXe siècle, conserve de ses origines une crypte romane à demi-immergée, et l'église abrite une des plus belles *conversations sacrées* de ***Giovanni Bellini***, la *Vierge à l'enfant entourée de saints* (1505).

On doit à **Mauro Codussi** plusieurs sanctuaires d'inspiration grecque, en particulier **Santa Maria Formosa** (1492) et **San Giovanni Crisostomo** (1505), et certaines des plus belles demeures du Grand Canal, comme les **palais Corner-Spinelli** (1490-1510) et **Vendramin-Calergi** (1500-1509) – son chef-d'œuvre. Bâti pour la famille ***Loredan***, il montre l'évolution spectaculaire de l'architecture vénitienne qui se tourne désormais vers une influence italienne. La pierre a définitivement supplanté la brique, et trois étages de colonnades encadrant des baies géminées à fenêtres trilobées supportent une corniche sculptée qui fait songer aux palais florentins. C'est dans ces murs – aujourd'hui occupés par le casino municipal – que ***Richard Wagner*** rendit le dernier soupir le 13 février 1883.

La plus grande gloire de ***Mauro Codussi*** réside dans les importantes modifications qu'il apporte à la **piazza San Marco**. On lui doit la **tour de l'Horloge** (1496-99) et les **Procuratie vecchie** (vieilles procuraties), bâties au début du XVIe siècle pour servir de demeure aux procurateurs de Saint-Marc. ***Codussi***, reprenant à son compte la tradition des arcades vénéto-byzantines, donne à ses colonnades une allure antique que ***Sansovino*** poussera à la perfection avec la **Libreria Marciana**.

Une fièvre de changement

Cet engouement pour la Renaissance se vérifie dans tout Venise. Le vieux pont de bois du Rialto cède la place à un nouvel ouvrage, une arche unique culminant à 7,5 m afin de permettre le passage de navires plus importants. Elevé de 1588 à 1599, ce pont avait suscité le plus grand intérêt auprès des architectes, à tel point qu'un concours pour lequel ***Sansovino***, ***Palladio***, ***Scamozzi*** et même ***Michel-Ange*** proposèrent des projets fut lancé en 1524 : les édiles choisirent les plans d'***Antonio da Ponte*** – un nom prédestiné !

Sur le Grand Canal, de nouveaux palais se construisent : **Contarini del Zaffo**, **Papadopoli**, **Grimani**, **Corner della Ca' Grande**, **Dolfin-Manin**, **Mocenigo**. Signe de prospérité commerciale, le comptoir allemand, le **Fondaco dei Tedeschi**, est rebâti en 1508 par ***Spavento*** et ***Scarpagnino*** – ce dernier prenant la suite de ***Bartolomeo Bon*** pour achever la monumentale **Scuola di San Rocco**, qui abritera un très important cycle pictural de ***Tintoret***, dont l'admirable *Crucifixion* (1565).

Parfois, des architectes de moindre renom donnent naissance à un chef-d'œuvre : c'est le cas de ***Giovanni Candi***, dotant le **palais Contarini**, près de **Santo Stefano**, d'un escalier extérieur en spirale semblable à un campanile ajouré, qui fait penser à celui de Blois, et que les Vénitiens ont surnommé – en raison de sa forme – la **Scala del Bovolo** : l'escalier de l'Escargot. La Renaissance voit la création en 1516 du Ghetto, quartier de Cannaregio qui va rassembler les diverses communautés juives de Venise dans un espace clos dont ***Bonaparte*** brisera les chaînes en 1797. De cette époque datent les plus anciennes synagogues et *scuole*.

L'escargot qui monte au ciel

Les Vénitiens l'ont surnommé le bovolo, l'escargot : l'escalier du palais Contarini, unique en son genre à Venise, s'élève dans une petite cour peuplée de chats, au cœur d'un dédale de ruelles, à proximité du campo Manin.

L'influence italienne de Sansovino

Né à Florence, ayant travaillé à Rome, ***Jacopo Sansovino*** apporte à Venise cette double influence, sensible dès sa première grande réalisation, le **palais Corner della Ca' Grande** (1532), l'un des plus majestueux du Grand Canal. Rien ici de la fantaisie chromatique d'un ***Lombardo*** ou d'un ***Codussi*** *:* élégance et sévérité dominent, avec la solennelle triple porte d'eau – innovation qui sera souvent copiée –, puis sur deux étages où chacune des sept arcades de façade est encadrée de deux doubles colonnes. C'est un palais de la Renaissance romaine que n'adoucit aucunement le climat vénitien, mais cette gravité qui anime l'œuvre de ***Sansovino****,* ce rigoureux classicisme, également sensible dans l'**église San Francesco della Vigna**, proche de l'**Arsenal**, vont pourtant s'épanouir avec un réel bonheur au **palais des Doges**, et à l'occasion de nouvelles modifications de la **piazza San Marco**.

L'espace faisant face au **palais des Doges**, sur la **Piazzetta**, était occupé par des boutiques. ***Sansovino*** fut chargé d'y édifier une bibliothèque qui abriterait le legs fait à la République au XVe siècle par le cardinal ***Bessarion****,* comportant de précieux manuscrits, ainsi que le fameux *Bréviaire Grimani.* ***Sansovino*** imagina un vaste double portique, à colonnes doriques au premier niveau et ioniques au second, surmonté d'une terrasse dont la balustrade fut peuplée d'une cohorte de statues de divinités antiques. La construction de ce monument qui allait soulever l'enthousiasme général ne se fit pas sans mal. ***Scamozzi*** – qui concevra dans le même style les **Procuratie nuove** (nouvelles Procuraties), achevées par ***Longhena*** – en termina les travaux, tandis que ***Sansovino*** se consacrait au nouvel hôtel de la Monnaie, la **Zecca**. Le lieu appelait un bâtiment plus sévère. Avec ses murs à bossages, c'est vraiment une forteresse dans laquelle on pouvait frapper et remiser les monceaux de sequins en toute quiétude ! Le contraste avec la **Loggetta** du **campanile**, salle des gardes du **palais Ducal**, n'en est que plus frappant.

Sansovino a déployé toute sa sensibilité dans l'édification de cet arc triomphal dont il a lui-même sculpté les statues de bronze et les reliefs, utilisant les plus précieux matériaux : marbre de Carrare, marbre rouge de Vérone, terra cotta, pierre d'Istrie. Après la chute du **campanile**, en 1902, la **Loggetta** fut patiemment reconstituée et restaurée.

La Libreria Marciana

Le bâtiment à colonnades érigé par Sansovino entre 1536 et 1554 abrite la bibliothèque Marciane et le musée Archéologique. Des statues d'Alessandro Vittoria, des toiles de Tintoret et Titien ornent l'intérieur du monument.

Palladio : un génie universel

Parmi d'autres créateurs de la Renaissance, il faut citer ***Michele Sanmicheli,*** qui brilla dans l'architecture militaire, édifiant à l'**Arsenal** le **hangar du Bucentaure** (1547) et surtout l'imposant **fort de Sant'Andrea**, qui fait face à la bouche de San Nicolo, près du Lido, et qui assurait, avec d'autres fortins, la défense de Venise.

Le plus brillant génie de la seconde Renaissance est incontestablement ***Andrea Palladio***. Imprégné de culture antique, humaniste d'une grande érudition, théoricien, il a laissé dans Vicence, sa ville natale, ainsi qu'à Venise et ses environs, une œuvre inspirée par l'art romain mais qui n'en est jamais la copie servile. D'une totale originalité, l'art de ***Palladio*** vise à créer l'harmonie entre ce qu'il donne à voir et la destination du lieu.

A Venise, il travaille tout d'abord à la réédification du **monastère de San Giorgio Maggiore** (dès 1565), dessinant le cloître des Lauriers et le réfectoire, puis l'église. La façade, qui, depuis le môle, complète si bien le panorama du bassin de San Marco, est la première d'un style qui sera souvent imité : quatre immenses colonnes corinthiennes formant portique, soutenant un fronton, des niches ornées de statues ;

le décor, spectaculaire, est créé avec une grande économie de moyens, et il en va de même pour l'intérieur de l'église, très dépouillé. La nef, en croix latine, est surplombée par une coupole à la croisée, et la lumière inonde le sanctuaire. Dans le chœur, deux des œuvres ultimes de ***Tintoret***, *La Manne dans le désert,* et la *Cène* (1594), et de fort belles stalles de bois sculpté du Flamand ***Albert van der Brulle***.

Cette théâtralité au service de la foi, ***Palladio*** la met en œuvre pour deux églises de la Giudecca, le **Zitelle**, de proportions modestes, et surtout le **Redentore**, sanctuaire votif construit par ordre du Sénat après la peste de 1576. C'est un triple fronton qui domine les quatre colonnes de la façade en marbre blanc, elle-même prenant sa base en haut d'un grand escalier. ***Palladio*** atteint ici à la perfection mathématique, donnant au spectateur le sentiment d'une complète harmonie, que l'on retrouve à l'intérieur, où la nef, prolongée par une abside en rotonde, communique un sentiment d'élévation spirituelle. L'architecte exécutera encore dans le même esprit la façade de **San Francesco della Vigna**, tout en dessinant pour de riches patriciens, aux environs de la Brenta, des villas comme la **Malcontenta** (villa Foscari) ou la **Rotonda** (villa Capra), qui seront copiées dans toute l'Europe, en Grande-Bretagne tout particulièrement.

L'art de Palladio

La petite île, voisine de la Giudecca, est entièrement occupée par le monastère et l'église de San Giorgio Maggiore. La façade, typique du retour à l'Antiquité prôné par l'architecte Andrea Palladio, complète admirablement la perspective du bassin de Saint-Marc.

Entre baroque et néo-classicisme

La Salute et Longhena

Au XVIIe siècle, tandis que souffle le vent de la contre-réforme, le classicisme va céder le pas, à Venise comme ailleurs, au baroque. Le principal artisan de ce style sera ***Baldassare Longhena*** (1604-1675), élève de ***Scamozzi,*** qui, après avoir fait ses premières armes en élevant le **palais Giustiniani-Lolin** (1623), est chargé de dresser les plans d'un temple élevé à la gloire de la Vierge, en remerciement de la fin de la grande épidémie de peste de 1630.

Santa Maria della Salute, élevée entre 1631 et 1687, se présente comme une couronne coiffée d'une coupole, soutenue par douze arcs-boutants à volutes portant les statues des apôtres et symbolisant les douze étoiles mariales. L'effet théâtral de l'ensemble est magnifié par l'escalier qui mène du Grand Canal au portail central : chaque 21 novembre, jour de la Présentation de la Vierge, un pont de bateaux permet aux Vénitiens de se rendre en procession dans le sanctuaire, dont la forme octogonale se prête parfaitement aux cérémonies.

Des palais démesurés

Longhena dote Venise d'autres sanctuaires où se déploie son goût pour le baroque, comme les **Scalzi** (Carmes Déchaux), près de l'actuelle *Stazione,* dont ***Giuseppe Sardi*** dessine la façade, les **Derelitti**, près de la **Scuola Grande di San Marco**, ou encore les synagogues *levantina* et *ponentina* du Ghetto.

Les deux palais qu'il imagine sur le Grand Canal comptent parmi les plus fameux : **Ca' Pesaro** (commencée en 1652) et **Ca' Rezzonico** (dès 1667), qui ne seront achevées qu'au XVIIIe siècle par ***Giorgio Massari***. **Ca' Pesaro**, bâtie à partir de 1652 pour le doge ***Giovanni Pesaro,*** est le plus monumental édifice civil baroque de Venise. Sa construction demanda cinquante-huit ans, et fut achevée, après la mort du doge et celle de ***Longhena,*** par ***Antonio Gaspari***. Le premier degré de la façade est impressionnant, avec ses bossages, ses masques grotesques et ses pierres taillées en pointes de diamant. Le double *piano nobile,* d'inspiration sansovinesque, superpose ordre ionique et corinthien. Colonnes et baies en plein cintre alternent, entourées d'un foisonnement de sculptures, l'ensemble créant un violent jeu d'ombre et de lumière. **Ca' Pesaro** est de nos jours le **musée d'Art moderne** de Venise.

En comparaison, **Ca' Rezzonico**, construite à partir de 1667 pour le procurateur ***Filippo Bon,*** paraît d'une conception plus sage, plus sévère en tout cas. Sa ressemblance avec le **palais Corner della Ca' Grande** de ***Sansovino*** saute aux yeux. Terminée en 1745 par ***Massari*** et somptueusement aménagée pour la riche famille qui lui a laissé son nom, la **Ca' Rezzonico**, qui possède la plus vaste salle de bal de Venise (avec un plafond allégorique de ***Crosato***), est devenue musée du XVIIIe siècle : fresques de ***Tiepolo,*** meubles de ***Brustolon,*** théâtre de marionnettes, apothicairerie, lustres anciens de Murano, deux belles toiles de ***Guardi*** – dont *Le Ridotto* – et un ensemble admirable de peintures de ***Pietro Longhi*** donnent une bonne idée de la richesse de Venise au *Settecento.*

A l'église comme au théâtre

C'est au XVIIe siècle que, là où s'élevait jadis la tour crénelée défendant l'entrée du Grand Canal, est installée la **Douane de mer**, construite de 1677 à 1682 par ***Giuseppe Benoni***. La girouette qui surmonte le portique, composée de deux atlantes portant un globe d'or sur lequel tournoie une femme symbolisant la Fortune, est de ***Bernardo Falcone.***

Les églises élevées à la même époque reflètent le goût des Vénitiens pour un baroque effréné : c'est le plafond de **San Pantalon**, qui demanda à ***Gianantonio Fumiani*** vingt-quatre ans de travail, entre 1680 et 1704, toile gigantesque, aux perspectives vertigineuses, qui détourne par sa folie ascensionnelle l'attention de quiconque entre dans ce sanctuaire dans l'idée de s'y recueillir ! C'est la façade de **Santa Maria del Giglio** pour laquelle ***Antonio Barbaro*** commanda à ***Giuseppe Sardi*** un véritable monument à sa gloire, avec statues (de ***Juste le Court***) et plans en relief des îles et villes où s'illustra sa gloire militaire !

Le diadème de la Vierge

Temple votif élevé en l'honneur de la Vierge Marie, Santa Maria della Salute, le plus bel édifice religieux baroque de Venise, est l'œuvre de Baldassare Longhena, qui conçut son église comme une immense couronne dont les statues des apôtres figureraient les étoiles.

Le comble du baroque est sans doute atteint par la façade de **San Moisè**, élevée en 1668 par ***Alessandro Tremignon***, envahie par un peuple grimaçant de télamons et d'atlantes formant une masse grouillante donnant à l'ensemble des allures de catafalque géant... Le baroque vénitien, vision

tragique et torturée d'une civilisation à l'agonie, ou reflet déformé d'une cité qui ne songe plus qu'à s'abîmer dans le plaisir ?

La tentation néo-palladienne

Le XVIIIe siècle, durant lequel la Sérénissime vit ses jours les plus brillants – tandis que son empire a virtuellement disparu –, va encore donner à Venise monuments et demeures dignes d'intérêt. C'est aux pères jésuites, qui s'installent en 1715 sur la lagune, que l'on doit les derniers feux du baroque, avec l'**église Santa Maria Assunta**, plus connue sous le nom des **Gesuiti**. ***Domenico Rossi*** la construit en 1719 sur le modèle du **Gesù** de Rome, ***Fattoretto*** en dresse la façade blanche surchargée d'une imposante statuaire. Mais la surprise réside dans la décoration interne. A première vue, on pourrait croire qu'une draperie verte et blanche a été disposée, de la nef en croix latine jusqu'au baldaquin inspiré de celui de **Saint-Pierre de Rome** : il s'agit en réalité d'une marqueterie de marbre, qui, combinée aux déluges de stucs et de dorures, donne aux **Gesuiti** des allures de salle d'opéra ! Un chef-d'œuvre du ***Titien***, le *Martyre de saint Laurent* (1557), se trouve dans une chapelle latérale.

Domenico Rossi s'était montré plus proche de la tradition palladienne avec la façade de **San Stae** (1709), sur le Grand Canal, mais son inspiration le mène vers le baroque au **palais Corner della Regina** (1724), édifié à l'emplacement de la demeure gothique où naquit en 1454 ***Caterina Cornaro***, dernière reine de Chypre.

A **San Rocco**, aux **Carmini**, à **Santa Maria della Fava** ou à **San Geremia** – où l'on vénère les reliques de ***sainte Lucie*** –, le baroque persiste, mais le néo-classicisme triomphe désormais dans le traitement architectural extérieur, s'opposant à un décor intérieur chargé, que l'on qualifie de rococo – qu'il s'agisse d'ailleurs d'édifices religieux ou de palais. L'artisan de ce retour aux sources d'une Renaissance qui ne renie point la magnificence ornementale est ***Giorgio Massari*** (1686-1766), qui fit ses premières armes en achevant les travaux de ***Longhena***. Sa première grande œuvre personnelle est **Santa Maria del Rosario** (1726-1736), l'**église des Gesuati** qui fait presque face au **Redentore**, sur les Zattere, et montre mieux ainsi sa parenté avec la réalisation de ***Palladio***. L'imposante façade d'ordre corinthien surmontée d'une coupole ouvre sur une nef unique d'une grande clarté – où se détache toute la vivacité des coloris des fresques du plafond, dues à ***Tiepolo***. **Santa Maria della Pietà**

Un pont ouvert au commerce

Comme le Ponte Vecchio de Florence, le pont du Rialto accueillit de nombreuses échoppes dès sa construction à la fin du XVIe siècle. Aujourd'hui encore, bijoutiers, orfèvres, marchands de vêtements et de souvenirs sont toujours installés dans de petites boutiques qui se succèdent le long des arches.

(1745-1760), sur le quai des Schiavoni, est une réussite plus raffinée encore, avec sa nef ovale, les tribunes en fer forgé et l'admirable plafond de ***Tiepolo,*** le *Couronnement de la Vierge* (1755). ***Vivaldi*** composa beaucoup pour les jeunes filles de l'orphelinat de la **Pietà**, et s'il mourut quatre ans avant le début des travaux de construction de l'actuel sanctuaire, la **Pietà**, où se déroulent de nombreux concerts, n'en est pas moins devenue, dans l'esprit du public, "l'église de ***Vivaldi***".

Massari, qui orna en 1760 d'une façade néo-classique la **Scuola della Carità** (l'actuel **musée de** l'**Accademia**), est également l'architecte du **palais Grassi** (1748-1772) sur le Grand Canal. Située face à **Ca' Rezzonico**, cette vaste demeure montre l'évolution par rapport au style baroque de ***Longhena*** : la structure, l'allure générale sont semblables, mais l'élan vers le dépouillement et l'épure sont visibles. L'intérieur du palais est plus proche, dans la distribution de ses pièces, d'une tradition florentine, avec son vaste atrium à colonnades laissant pénétrer la lumière à flots. Le grand escalier donne une note de gaieté, avec ses fresques en trompe-l'œil peuplées de personnages carnavalesques. Acheté en 1951 par la fondation Fiat, le **palais Grassi**, rénové par ***Gae Aulenti*** et ***Antonio Foscari,*** est le siège de prestigieuses expositions.

Dernières fêtes de la Sérénissime

C'est le cas aussi pour une demeure du Grand Canal qui connut un sort étrange, le **palais Venier dei Leoni**, que les Vénitiens ont surnommé le *palazzo non finito*, pour la bonne raison que seule la base a été édifiée en 1749 par ***Lorenzo Boschetti,*** à qui l'on doit l'**église San Barnaba**. Personne n'a jamais su exactement les raisons de cet inachèvement. Manque d'argent de la famille ***Venier*** pour financer un palais de grande envergure ? Intrigues de la richissime famille ***Corner,*** possédant un palais sur l'autre rive du Canal et qui ne supportait pas l'idée de perdre une vue exceptionnelle sur la Giudecca ? L'énigme n'a jamais été résolue. En 1949, la richissime ***Peggy Guggenheim*** acheta le **palais Venier dei Leoni** et y installa sa collection de peintures modernes, l'une des plus importantes que l'on puisse voir.

Il est en revanche moins aisé de pouvoir admirer le plus extraordinaire ensemble de fresques réalisé par ***Giambattista Tiepolo*** pour une demeure privée, au **palais Labia**, construit par ***Antonio Cominelli*** de 1720 à 1750, et qui est, avec le **palais Pisani** (sur le campo Santo Stefano), l'une des ultimes grandes demeures construites à Venise avant la chute de la République. De nos jours, les bureaux de la R.A.I. – la télévision italienne – occupent ce palais où ***Charles de Besteigui***

Fortune ou hasard ?
Située à l'extrémité de l'île de Dorsoduro, la Douane de mer fait partie du décor vénitien depuis 1682. La Fortune y est figurée par une femme nue tournant au gré du vent, perchée sur une boule d'or. On sait qu'en italien, fortuna signifie aussi bien fortune que chance, et à Venise, les vents sont changeants...

donna en 1950 la plus mémorable fête de notre époque. Ce sont les amours d'***Antoine*** et ***Cléopâtre*** que raconte ***Tiepolo*** à travers deux immenses fresques qui se confondent avec l'architecture de la salle de bal dans un magnifique jeu de miroirs, où les personnages de l'Egypte et de Rome semblent se moquer du temps pour mieux ressembler, par le choix des physionomies, des coloris et des costumes, à ceux de la Venise du XVIIIe siècle, prise dans un tourbillon de fêtes carnavalesques afin de s'étourdir et d'ignorer l'issue fatale.

La peinture : noces de la lumière et de la couleur

Des mosaïstes aux premiers peintres

L'héritage de Byzance, qui éclate dans les mosaïques de la **basilique San Marco**, de Murano et Torcello, va marquer jusqu'au XIVe siècle la peinture gothique vénitienne. Le style byzantin, que l'on peut également apprécier à travers les émaux de la *Pala d'Oro* (XIIe et XIIIe siècles), privilégie la couleur, l'aspect décoratif, tandis que les personnages, figés dans des positions hiératiques, sont enchâssés dans un réseau d'or, de perles et de pierreries.

C'est dans les grands édifices religieux qu'est né l'art vénitien, et la peinture va continuer à s'y développer, que ce soit dans les églises ou les *scuole*, qui seront d'importants mécènes pour les artistes. Tandis que le style des mosaïstes de Murano tend à s'essouffler et que ce type de décoration murale se voit concurrencer par la fresque, on fait appel, dès le XIVe siècle, à des peintres, pour réaliser des peintures sur bois, – et plus tard sur toile et à l'huile, à la suite des Flamands – présentant les sujets religieux sur plusieurs panneaux. Après les figures lointaines et froides des mosaïques, le Christ et les saints montrés sur ces polyptyques correspondent à une évolution religieuse, vers une vision plus humaine des personnages sacrés.

Premier peintre de ce que l'on appellera l'école vénitienne, ***Paolo Veneziano*** (env. 1290-1360) a réalisé de nombreux polyptyques qui témoignent encore de l'influence byzantine à Venise. Une grande importance est donnée à l'encadrement stuqué, richement décoré à la feuille d'or, de même que les fonds du tableau et les auréoles qui nimbent la tête des saints. Les visages sont orientaux, souriants, dénués d'une réelle expression, et les physionomies rappellent celles des icônes, tandis que les couleurs vives sont utilisées comme des émaux.

Chez ***Lorenzo Veneziano*** (actif dans la seconde moitié du XIVe siècle), l'influence gothique, venue d'autres villes italiennes, se fait sentir, dès l'*Annonciation* (1357) : le hiératisme se fond dans une certaine douceur, le drapé des costumes aux brillants coloris se fait plus savant, quelques éléments de paysage se détachent du fond doré. Cette inspiration gothique va se développer

Imagerie byzantine

Le style de cette Annonciation entre saints et prophètes de Lorenzo Veneziano (XIVe siècle) est très proche de celui de l'art byzantin.

·M·CCC·LXXI·

chez ***Nicolo di Pietro, Jacobello del Fiore*** (1400-1439) – qui, pour le *Couronnement de la Vierge* (1438), place une multitude de personnages au cœur d'une architecture très structurée – ou ***Michele Giambono*** (1410-env. 1486), et dans les fresques du **palais Ducal** peintes par ***Guariento, Gentile da Fabriano*** et ***Pisanello.***

Deux grandes familles d'artistes

L'âge d'or de la peinture vénitienne commence véritablement au début de la Renaissance, grâce à deux familles qui donnent naissance à plusieurs artistes : les ***Vivarini*** et les ***Bellini. Antonio Vivarini*** (env. 1415-1476), originaire de Murano, s'illustre comme ses prédécesseurs en peignant pour des églises de Venise – mais aussi d'autres villes – de nombreux polyptyques où les personnages, qui captent la lumière, sont désormais indissociables de leur décor. L'influence du style gothique commence ici à céder la place à la Renaissance. Le frère d'***Antonio, Bartolomeo*** (1432-1499), travaille dans une manière plus ornée. A leur suite, ***Alvise Vivarini,*** fils d'***Antonio,*** peindra vers la fin du *Quattrocento* (le XVe siècle) des sujets religieux d'une émouvante simplicité.

Jacopo Bellini (env. 1400-1470) et ses deux fils, ***Gentile*** (1429-1507) et surtout ***Giovanni*** (1430-1516), vont profondément marquer de leur empreinte la peinture vénitienne de la Renaissance. L'œuvre du père se détache de l'influence gothique et toscane pour s'affirmer dans un registre austère. Bon nombre de ses tableaux ne sont malheureusement pas parvenus jusqu'à nous. En revanche, nous pouvons apprécier, dans les sujets historiés de ***Gentile Bellini,*** comme la *Procession sur la place Saint-Marc* (1496), ou le *Miracle de la Croix* (1500) peint pour la **Scuola di San Giovanni Evangelista**, cet amour du détail et de l'authenticité qui nous offre une vision réaliste de Venise à l'aube du XVIe siècle.

Bellini, peintre des Madones

L'art de ***Giovanni Bellini*** est d'une tout autre envergure. A ses débuts, il est influencé par le style linéaire du Padouan ***Mantegna***, son beau-frère, ainsi que par ***Antonello de Messine,*** venu travailler un temps à Venise, et qui maîtrise la technique flamande du glacis. Qu'il peigne une crucifixion, un Christ mort ou une Madone, ***Bellini*** – que l'on appelle parfois ***Giambellino*** – innove en accordant au sujet qu'il traite le décor dans lequel il le place. Ainsi, pour le *Christ mort entre saint Jean et la Vierge,* de sombres nuées s'amoncellent dans un ciel qui domine une nature torturée. La couleur, dont il use avec une audace et une sûreté magistrales, confère à ses toiles une sensualité et une épaisseur psychologique nouvelles. La perspective, et plus encore les jeux de lumière et d'ombre, ont eux aussi leur importance dans une œuvre qui va en s'humanisant au fil des ans. Ses personnages acquièrent une dimension humaine, qu'il s'agisse de ses nombreuses et admirables *Vierge à l'enfant,* ou de retables de grandes dimensions, comme le *Polyptyque de saint Vincent Ferrier* (1465), la *Pala di San Giobbe* (1480) ou celle de *San Zaccaria* (1505). Peintre de la douceur, de l'harmonie et de la sérénité, ***Bellini*** se montre à l'occasion un portraitiste magistral, comme le montre son *Portrait du doge Leonardo Loredan* (1501).

Carpaccio, grand imagier des saints

Parmi les peintres du *Quattrocento,* il faut citer le curieux ***Carlo Crivelli,*** chez qui l'attitude tourmentée des personnages n'est en rien atténuée par le goût des décors surchargés, et faire une place à part à ***Vittore Carpaccio*** (1486-1525), dont le génie épique s'accorde si bien avec les sujets hagiographiques qu'il traite pour diverses *scuole,* et dont le style médiéval tardif se situe fort loin des préoccupations d'un ***Giovanni Bellini.*** Il y a chez ***Carpaccio*** une fougue et une jeunesse qui emportent les personnages, un sens aigu de la mise en images qui tire parti des grands panneaux horizontaux, une précision de miniaturiste et d'enlumineur dans la manière de planter un décor, enfin un talent magnifique de coloriste qui maîtrise la lumière à la perfection. Pour la **Scuola di Sant' Orsola** (qui se trouvait près de **San Zanipolo**), ***Carpaccio*** peint le cycle de la *Légende de sainte Ursule,* huit grandes toiles (à présent à l'**Accademia**) exécutées entre 1490 et 1500, contant, dans un foisonnement inouï de décors montrant une Venise idéalisée, le martyre des onze mille vierges. Il peindra ensuite pour la **Scuola di San Giorgio degli Schiavoni**, les légendes de ***saint Jérôme*** (1502) et de ***saint Georges*** (1507), toutes ces toiles baignant dans un lyrisme et une étrangeté en opposition avec le naturalisme des peintres du XVIe siècle.

Conversation sacrée

Joyau de l'église San Zaccaria, la Vierge à l'enfant entourée de saints (1505) est la dernière des grandes toiles d'autel peintes par Giovanni Bellini, et sans doute une des plus belles.

Pages suivantes

La Légende de sainte Ursule

Le Départ des fiancés (1495) est la plus grande des huit toiles composant le cycle de la Légende de sainte Ursule, et qui demandèrent dix ans de travail à Vittore Carpaccio. On retrouve ici toutes les qualités de ce peintre dont l'univers médiéval et épique était déjà anachronique à l'époque de la Renaissance.

N·E·D·W·G·I

Le mystère Giorgione

Retour à l'humanisme et à l'Antiquité, avec ***Giorgione*** (1478-1510), peintre venu de Castelfranco et qui imposa très tôt un talent extrêmement original, acquérant une célébrité qui lui valut des commandes de riches patriciens, et la décoration à fresques du **Fondaco dei Tedeschi**, dont il s'acquitta avec ***Titien.*** Seule une mort précoce mit fin à cette carrière pleine de promesses, et ***Giorgione,*** véritable humaniste de la Renaissance, demeure pour les historiens de l'art une personnalité mystérieuse, artiste capable de faire naître, à travers un sujet champêtre (*La Tempête,* 1505-1507), une atmosphère à la fois tendue et sereine, quasiment palpable, sachant susciter l'interrogation de quiconque observe la toile. Se jouant des dégradés d'ombre, il passe d'un extrême à l'autre, de l'élégiaque *Madone de Castelfranco* (1504) à *La Vieille* (1508), image terrible de la déchéance physique.

Le siècle de Titien

La Venise du XVe siècle compte bien des peintres dotés de qualités diverses, comme ***Cima da Conegliano, Sebastiano del Piombo, Palma le Vieux, Pordenone,*** ou encore ***Lorenzo Lotto*** (1480-1556), qui, après plusieurs retables comparables à ceux de ***Bellini,*** laissa libre cours à une imagination tourmentée, qui, par un emploi inattendu de la couleur, donne à des sujets aussi divers que l'*Annonciation* ou le *Portrait d'un gentilhomme* (deux œuvres de 1527) une aura d'inquiétude.

Rien de tel chez ***Titien*** (Tiziano Vecello, 1480-1576) ; proche lui aussi de ***Bellini,*** tout d'abord, il s'oriente vers de grands sujets dramatiques ou mythologiques, mettant sa science de la couleur et de la construction au service d'une puissante inspiration mystique, comme le montre l'*Assomption,* (1516-1518), tableau d'autel réalisé pour l'**église des Frari.** ***Titien*** y montre la Vierge véritablement déchirée entre les plans terrestre et divin, et les nuances de rouge et de pourpre, qui atteignent au paroxysme, rendent ce sentiment immédiatement sensible à qui arrive devant la toile. Forme et thème sont étroitement liés. Comme le dit justement l'historien britannique ***John Steer***, chez ***Titien,*** l'harmonie formelle est "la conséquence directe de la dramatisation de l'action." Cet effet dramatique peut être obtenu avec la même intensité par la lumière ou l'ombre. Ainsi, dans une œuvre plus tardive comme le *Martyre de saint Laurent* (1558), les ténèbres ne sont déchirées que par les flammes du brasier qui donnent à la scène ce climat d'angoisse. Pour le portrait de *L'Homme au gant* (1523), qui égale certains chefs-d'œuvre flamands, ***Titien*** plonge son personnage dans l'obscurité, de simples détails vestimentaires conférant sa personnalité au modèle.

Génie universel, ***Titien,*** par la richesse de sa palette, crée un nouveau type de femme, plus charnelle, plus proche du siècle, même s'il s'agit de figures mythologiques comme ***Diane*** ou des nymphes d'une bacchanale. Avec ***Titien,*** la peinture vénitienne s'affirme par sa sensualité, la prédominance des couleurs, s'opposant en cela aux canons florentins et romains.

Le mysticisme de Titien

Commandée par les moines franciscains de l'église Santa Maria dei Frari, dont elle orne toujours l'autel central, l'Assomption (1516-1518) est l'un des chefs-d'œuvre de Titien. Cette toile admirable, poème de lumière et de couleur, choqua à l'époque les moines par son modernisme.

La tentation du maniérisme

L'influence du maître est grande : sur son élève ***Palma le Jeune,*** tout d'abord, puis sur les maniéristes, comme ***Paris Bordone, Andrea Schiavone*** et surtout ***Jacopo Bassano*** (1515-1592), qui n'hésite pas à traiter avec réalisme des sujets comme *L'Adoration des mages* (env. 1540) et *La Dernière Cène* (1550), introduisant à Venise paysages campagnards et figures rustiques d'une authenticité frappante, dans des toiles à la grande intensité dramatique.

Jacopo Robusti, dit le ***Tintoret*** (1518-1594), a assimilé l'expérience maniériste, mais aussi l'influence des artistes florentins et de ***Michel-Ange*** en particulier. Sa production, très considérable, est avant tout destinée à la décoration de nombreuses églises de Venise, comme **Madonna dell'Orto,** qu'il tapisse d'immenses toiles, comme il le fera également dans la très riche **Scuola di San Rocco**. L'inspiration mystique du ***Tintoret*** réclame pour s'exprimer de très grandes surfaces. Subordonnant la couleur à un usage savant du clair-obscur, peignant avec une infinie rapidité des personnages dont il saisit l'essence sans s'attarder à les détailler, ***Tintoret,*** qui baigne les protagonistes de ses toiles dans une aura luminescente, cherche avant tout à produire un effet dramatique et spectaculaire : dans le grand panneau de la *Crucifixion* (1565), qui orne la *sala dell'Albergo* de **San Rocco**, la lumière irradiée par le corps de ***Jésus*** sur la croix structure tout le tableau.

TICIANVS

Tintoret excelle dans ces vastes mises en scène horizontales où passe un puissant souffle, comme l'attestent d'une manière grandiose *Le Paradis* (1579) au **palais des Doges**, ainsi que la *Cène* (1592-1594) de l'**église San Giorgio Maggiore**. Dans cette œuvre de vieillesse, ***Tintoret*** s'attache une fois encore, grâce au clair-obscur, à rendre visible l'invisible, la simple lumière d'une lampe à huile suscitant devant nos yeux le monde spirituel.

Véronèse : un admirable coloriste

Rival de ***Tintoret, Paolo Caliari***, dit ***Véronèse*** (1528-1588), est avant tout un coloriste audacieux, qui n'hésite pas à placer côte à côte les nuances complémentaires les plus vives – et il rejoint en cela ***Giovanni Bellini***. Mais chez ***Véronèse***, révélé par une série de toiles peintes pour l'**église de San Sebastiano** (1555-1565), la couleur est une fin en soi, qui permet de métamorphoser un sujet historié en un somptueux spectacle exaltant la richesse de la cité au XVIe siècle. Son *Apothéose de Venise* (1583), toile de grandes dimensions exécutée pour le plafond de la salle du Grand Conseil du **palais Ducal**, montre avec éloquence, mieux que tout discours, la superbe et le luxe écrasants de la Sérénissime République. Quand ***Véronèse*** est appelé à traiter un sujet religieux pour un couvent, il ne peut s'empêcher de le situer dans un contexte architectural antique, où évoluent, dans une atmosphère délicatement colorée, des personnages de patriciens de la Renaissance ; préoccupations esthétiques si éloignées de l'idéal monastique que ***Véronèse*** aura parfois maille à partir avec l'Inquisition. Ce fut le cas pour la *Cène* (1573) commandée par les dominicains de **Santi Giovanni e Paolo**, qui furent choqués de trouver parmi les innombrables personnages de la toile mendiants, chiens et prostituées. Sommé de se justifier, ***Véronèse*** se tira de ce mauvais pas au prix de modifications minimes, et en intitulant son tableau *Le Repas chez Levi*. Sa toile la plus fameuse du genre, *Les Noces de Cana* (1563) fut emmenée au **Louvre** par ***Bonaparte***. Dans un contexte profane, au **palais Ducal** comme pour la décoration de la **villa Barbaro** à Maser, ***Véronèse*** donne libre cours à une séduisante fantaisie, son style lumineux s'accordant aussi bien à la fresque en trompe-l'œil qu'aux scènes mythologiques sur toile qu'il traitera vers la fin de sa vie.

L'apothéose de Venise selon

Au XVIIe siècle, aucun peintre d'envergure ne s'impose, et il faut attendre ***Sebastiano Ricci*** (1659-1734), continuateur de ***Véronèse*** dans un style baroque, le délicat ***Giovanni Antonio Pellegrini***, puis ***Giovanni Battista Piazzetta*** (1683-1754) pour voir la peinture vénitienne entamer un magnifique et

Piazzetta et Tiepolo

spectaculaire chant du cygne. ***Piazzetta*** traite les sujets religieux avec un réalisme hérité de ***Caravage***, où la construction baroque des scènes baignées par le clair-obscur donne aux personnages une vie intense, une spiritualité immédiatement perceptible.

Avec ***Giambattista Tiepolo*** (1696-1770), c'est toute la gaieté un peu frivole du XVIIIe siècle, la légèreté, l'éclat d'une société superbement décadente qui se reflètent dans les toiles et les fresques d'églises et de palais que cet artiste doté d'un étonnant sens poétique exécutera dans toute l'Europe. ***Tiepolo*** est sans doute le peintre qui symbolise le mieux Venise en pleine apothéose, juste avant la chute. Qu'il traite des thèmes de l'Ancien Testament ou de l'Antiquité, ***Tiepolo***

Les Noces de Cana

Cette immense toile fut peinte par Véronèse pour orner le réfectoire du monastère bénédictin de San Giorgio Maggiore. Elle fait partie des collections du Louvre depuis 1798.

Un peintre par un autre

Quand Pietro Longhi, spécialiste des scènes de genre du XVIIIe siècle, fait le portrait de Francesco Guardi, l'un des deux plus fameux védutistes vénitiens...

Pages suivantes

Venise vue par Guardi

Le peintre exécuta au XVIIIe siècle de nombreuses peintures montrant divers aspects du bassin de Saint-Marc. La plupart des toiles de Canaletto et de Guardi, qui connurent une grande vogue à l'époque, figurent dans des collections étrangères.

demeure résolument de son temps : avec leur blondeur dorée, leurs chairs nacrées aux rondeurs harmonieuses, leur goût pour la parure, ses saintes, ses déesses et ses héroïnes historiques sont avant tout des femmes du XVIIIe siècle. Prodigieux décorateur, ***Tiepolo*** joue avec l'espace, créant grâce à des ciels où passent les nuances les plus douces ou les plus violentes une savante distorsion de la perspective. Un délire ascentionnel semble emporter les personnages de ses plafonds d'églises (aux **Gesuati**, à la **Pietà**, aux **Scalzi**, à la **Scuola Grande dei Carmini**) et des fresques dont il pare les palais baroques (**Ca' Rezzonico**, **palais Labia**) et qui, dépassant parfois leur cadre, s'en évadent, laissant qui les regarde se perdre au cœur de ces prodigieux trompe-l'œil qui demeurent toujours d'une infinie légèreté. L'émotion est sacrifiée, chez ***Tiepolo***, même si une grande humanité se devine dans son regard. Mais le sens du spectacle, de l'effet, la féerie chatoyante des couleurs et l'art de la scénographie baroque, omniprésents, passent avant toute autre considération pour ***Tiepolo*** dans une œuvre dont l'éblouissante virtuosité demeure unique dans l'histoire de la peinture. Son fils, ***Giandomenico*** (1727-1804), a pris pour modèles les personnages de la *Commedia dell'Arte*, et a peint en particulier pour des villas de délicates et mélancoliques scènes de fêtes champêtres.

Longhi : le vrai visage des Vénitiens

Spécialiste des scènes de genre, ***Pietro Longhi*** (1702-1785) occupe une place à part, qui fait un peu de lui l'équivalent de ***Goldoni***, dans le domaine de la peinture. Avec une grande précision dans le rendu des décors, des costumes et des occupations de la vie des patriciens et des bourgeois vénitiens, il se montre un observateur plein de verve et d'humour. Ses tableaux de petites dimensions (regroupés pour la plupart à la **Ca' Rezzonico**) nous permettent de pénétrer dans cet univers ouaté, luxueux et superficiel, où de charmants pantins se jouent la comédie. Plutôt témoin que véritable satiriste, ***Longhi*** nous laisse un témoignage savoureux sur la Venise des boudoirs, des salons, des fêtes et du Carnaval, tandis que ***Rosalba Carriera*** (1675-1757), à la même époque, acquiert une renommée européenne grâce à ses portraits réalisés au pastel avec grâce et délicatesse.

Deux "védutistes" : Canaletto et Guardi

En détaillant les vues de Venise peintes inlassablement par ***Antonio Canal***, dit ***Canaletto*** (1697-1768), il est possible de se rendre compte des moindres changements intervenus dans la ville depuis le XVIIIe siècle ! Avec un sens aigu de la perspective et des proportions, ***Canaletto*** restitue avec minutie le décor, les personnages et l'atmosphère de nombreux sites vénitiens. Mais, en véritable artiste qui sait rendre à la perfection la lumière si particulière de la lagune, il fait de chacun de ses relevés topographiques l'œuvre d'un créateur sensible. Les "vues" de ***Canaletto*** rencontreront un succès considérable en Europe, et le peintre travaillera longtemps en Angleterre, lié par un contrat avec le consul ***Smith.*** Peu de ses toiles se trouvent encore à Venise, ce qui est le cas également pour son contemporain ***Francesco Guardi*** (1712-1793).

Travaillant parfois avec son frère aîné ***Antonio*** (1698-1760), notamment pour *Le Parloir des nonnes* et *Le Ridotto* (vers 1750), ***Francesco Guardi*** peint ce qu'il nomme des "caprices" situés dans des paysages lagunaires, ainsi que de nombreuses vues de Venise. Comme le souligne ***André Chastel*** : "***Guardi*** transpose dans l'irréalité du mirage l'exactitude charmante de ***Canaletto***." La Venise de ***Guardi*** est celle du songe, avec ses scintillements de lumière, ses irisations, ses vibrations de l'air qui nous donnent la sensation que demeures et monuments flottent dans une brume perpétuelle. Les personnages, souvent masqués, qui arpentent la **Piazza** ou les quais, sont à peine esquissés, gondoles et navires se déplacent, immatériels, sur les reflets de l'eau, augmentant la sensation d'étrangeté poétique dégagée par les toiles de ***Francesco Guardi***, dernier grand peintre de cette école vénitienne qui allait s'éteindre avec la chute de la République.

Malgré les bouleversements de l'Histoire, de nombreuses toiles des peintres vénitiens sont demeurées dans leur décor d'origine, églises, palais et *scuole*. Mais les plus belles collections sont regroupées aux galeries de l'**Accademia** et au **musée Correr**, sans oublier la galerie **Querini-Stampalia** et la **Ca' Rezzonico**.

L'ESPRIT DE VENISE

Des artisans hors pair

La patrie des Lettres

L'humanisme n'attend pas la Renaissance pour faire son apparition à Venise. Les premières bibliothèques, chargées de précieux manuscrits enluminés, se trouvaient dans les monastères, et très tôt, on enseigne grammaire et théologie. Des poètes comme ***Pétrarque*** puis ***l'Arétin*** séjournent dans la cité. Au XIVe siècle, une université est créée à Padoue (vénitienne dès 1405), tandis qu'à Venise on enseigne la philosophie et la logique à l'école du Rialto. Bientôt, diverses académies vont regrouper poètes, savants et lettrés. L'enseignement du grec et du latin devient très populaire.

Dès 1468, l'imprimerie est introduite à Venise par ***Jean de Spire***. On comptera jusqu'à deux cents imprimeurs dans Venise à la fin du XVe siècle, le plus célèbre étant l'humaniste helléniste ***Aldo Manuzio***, qui publie de nombreux textes en grec et latin, et notamment *Le Songe de Polyphile* en 1499. Parmi les grands succès du temps, il faut citer la réédition du *Livre des Merveilles du Monde* de ***Marco Polo***. A la même époque, le cardinal ***Bessarion*** lègue son importante collection de manuscrits à la ville : ce legs est à l'origine de la **bibliothèque Marciane**.

La tradition de la typographie et de la gravure perdureront à Venise, notamment au XVIIIe siècle, avec les plaques de ***Visentini*** et ***Brustolon*** reproduisant certaines vues de la cité. Les pères méchitaristes du **monastère de San Lazzaro degli Armeni** continuent à notre époque d'imprimer des textes en arménien et en italien, tandis que certains artisans vénitiens ont remis au goût du jour la tradition de l'estampe, de la gravure et du papier marbré.

Murano, l'île des verriers

Orgueil de Venise, l'art de la verrerie fut sans doute pratiqué dès l'époque romaine, comme le prouvent divers spécimens trouvés lors de fouilles. Cet artisanat se développa vraisemblablement au Xe siècle, et prit une grande importance, au détriment de la sécurité urbaine : de nombreuses maisons étaient encore des constructions de bois.

En 1291, la corporation des verriers fut obligée de transporter ses fours sur l'île de Murano, afin de supprimer les risques d'incendie. L'art de la verrerie, d'abord cantonné à une production utilitaire, devait briller par sa fantaisie imaginative, grâce au talent de plusieurs familles – les ***Barovier***, ***Seguso***, ***Toso***, ***Salviati*** – qui se transmettaient leurs secrets d'une génération à la suivante, secrets que les artisans de Murano étaient priés de ne pas divulguer à l'étranger, sous peine de mort ! Il est vrai que la cristallerie fut une des industries les plus florissantes dès le XVe siècle. Verres, coupes et vases, plats et aiguières, assiettes et bougeoirs, objets divers, colorés, émaillés, gravés à froid, fumés, incrustés d'or, imitant la calcédoine, l'agathe ou l'émeraude, semés de *millefiori*, ou traités avec une merveilleuse habileté de diverses autres manières, conquirent l'Europe puis les plus lointains comptoirs.

Pour faire face à la concurrence française lancée par ***Colbert***, il fallut innover. On imita les cristaux de Bohême, puis les artisans de Murano imposèrent avec succès les lustres en cristal polychrome et les miroirs aux cadres d'une extrême richesse. Les fours s'éteignirent en 1797, et ne devaient reprendre leur activité qu'à la fin du siècle dernier, sous l'impulsion

Magie du cristal

Cette coupe réalisée par un maître-verrier de Murano au XVIIe siècle explique à elle seule le succès de la production des artisans de Murano à travers toute l'Europe.

d'*Antonio Salviati*. Depuis, plusieurs verriers ont repris leur travail, pour le meilleur et, hélas, parfois pour le pire. Il est en tout cas passionnant de voir comment les artisans travaillent le verre, dans des conditions qui n'ont pas varié depuis des centaines d'années, pour comprendre que le "secret" réside avant tout dans la prodigieuse dextérité de l'homme qui fait naître du feu, à l'aide d'une canne creuse et de quelques outils, les objets les plus délicats.

Qui veut admirer les plus belles pièces jamais réalisées à Murano doit se rendre au **palazzo Giustinian**, devenu **Museo d'Arte vetrario**, où sont conservées bien des merveilles, dont la fameuse coupe nuptiale du XVe siècle en verre soufflé et émaillé due à *Barovier*.

Des dentelles inégalées

Longtemps spécialisée dans la confection de la soie et de la laine, Venise était également connue pour ses dentelles. Cet artisanat occupait exclusivement les femmes de pêcheurs des îles de Burano et Pellestrina. C'est au XVe siècle que ce genre de broderie raffinée commença à se développer, et les dentellières de Burano – pratiquant la dentelle à l'aiguille, tandis qu'à Pellestrina et à Chioggia, les femmes brodent aux fuseaux – après le point coupé, à festons, à réseaux et à carreaux, inventèrent au siècle suivant le fameux point en l'air, imitant par sa légèreté le filet des pêcheurs, qui connut une vogue immense, tout comme le point de Venise.

A Burano, on prête l'origine des dentelles à la reine des sirènes qui fit surgir de l'onde un voile de mariée d'écume légère, que les dentellières tentèrent par la suite d'imiter. Cet artisanat florissant, très recherché en Europe, fut, comme celui du verre, mis en danger par *Colbert*, qui devait créer la manufacture d'Alençon en y engageant des dentellières de Burano. Vers la fin du XIXe siècle fut créée à Burano une école de *merletti* (le nom local des dentelles) afin de préserver un patrimoine (qui possède ici son musée), et une technique à laquelle sont toujours fidèles quelques femmes de cette île aux maisons bariolées, habitée depuis mille ans, et qui est l'un des lieux les plus délicieux de la lagune vénitienne. Les peintres apprécient Burano, et de nombreuses toiles d'artistes locaux ornent les murs de la trattoria *Da Romano*, véritable musée.

La cité de toutes les fêtes

Les boutiques de café

A Venise, où l'activité sociale s'est toujours déroulée dans la rue, en particulier pour les marchands et commerçants, naquirent très tôt des lieux où il était possible de boire et de se restaurer. Ce furent tout d'abord, aux alentours du marché du Rialto, les débits de vin, appelés souvents *malvasie* (du nom de la malvoisie, vin de Chypre réputé) ou *bacari* (nom peut-être dérivé de celui de ***Bacchus*** *!*) où l'on pouvait boire tout en mangeant des *cicchetti* (amuse-gueule), tradition restée très populaire pour tous les Vénitiens, de même que celle de l'*ombra.* On appelle ainsi (ombre) le verre de vin blanc frais que l'on boit entre amis, l'origine du nom venant du fait que les marchands de vin ambulants de la **Piazza** se déplaçaient avec le soleil pour garder leur marchandise à l'ombre du **campanile** afin de conserver sa fraîcheur !

Venise fut réputée également pour ses cafés, dès les dernières années du XVIIe siècle. Importé dans la ville dès 1638, le café se consomma bientôt dans des *botteghe del caffè*, débits de café dont les plus illustres s'établirent sous les arcades des **Procuraties.** On en compta bientôt une vingtaine, et les deux plus célèbres existent toujours : le *Florian,* créé en 1720, a toujours joui de la préférence des artistes et des écrivains, depuis ***Goldoni*** jusqu'à ***Henri de Régnier*** qui y donnait rendez-vous à ses amis “sous le chinois”, l'un des personnages figurant sur les célèbres décors muraux. Le *Quadri,* qui fait face au *Florian,* existe depuis 1775, et il fut un temps boudé par les Vénitiens qui ne lui pardonnaient pas d'avoir accueilli avec trop d'empressement les officiers autrichiens au XIXe siècle.

Du théâtre à l'opéra

Le spectacle a toujours été une des préoccupations majeures des Vénitiens. Après les mystères religieux, joués au Moyen Age, vint la vogue de la *momaria*, sorte de mascarade bouffone, qu'interprétaient dès le XVe siècle les jeunes patriciens et citoyens réunis au sein des compagnies de la *Calza.* Les premiers théâtres vénitiens furent bâtis, l'un par ***Palladio*** dans le monastère de **Santa Maria della Carità** (1565), l'autre par ***Sansovino*** à Cannaregio. On y jouait les auteurs de l'Antiquité, mais aussi les textes de ***l'Arétin.*** La *Commedia dell'Arte* devait s'épanouir sur les tréteaux vénitiens, avec ses personnages aux noms restés célèbres comme ***Arlequin, Brighella, Colombine*** et ***Pantalon.*** Au XVIIIe siècle, les nombreuses comédies de ***Carlo Goldoni*** (1707-1793), comme *la Locandiera, Arlequin valet de deux maîtres* ou *Barouf à Chioggia,* ainsi que les féeries de ***Carlo Gozzi*** (1720-1806), l'auteur de *Turandot,* attireront un vaste public.

Il en va de même avec la musique. Les concerts se donnent dans les églises, puis au théâtre. L'opéra apparaît dès 1583 avec la *Daphné* de ***Rinuccini.*** De nombreuses salles sont construites, où l'on donne comédie ou opéra : le **théâtre San Moisè** (1620), où seront jouées l'*Arianna* de ***Claudio Monteverdi*** et diverses œuvres de ***Vivaldi, Baldassare Galuppi,*** et ***Rossini*** *;* le **San Samuele** (1655), où débuta ***Goldoni*** *;* le **San Canciano**, le **San Benedetto**, le **Sant'Angelo**, le **San Giovanni Crisostomo** (1678), qui prendra au XIXe siècle le nom de la grande cantatrice ***Maria Malibran...*** Les Vénitiens sont fous d'opéra, et il s'en créera plus d'un millier entre le XVIe et le XVIIIe siècles.

La salle la plus prestigieuse de Venise est le **Teatro la Fenice** (le phénix), édifié de 1790 à 1792, qui verra la création de plusieurs chefs-d'œuvre de ***Verdi,*** notamment *Ernani, Attila, Rigoletto* et *la Traviata,* et qui continue d'accueillir les plus grands noms du monde musical dans sa précieuse salle aux harmonies vert et or.

Le démon du jeu

Jouer est, pour la noblesse vénitienne, une seconde nature. Au XVIIe siècle, ***Marco Dandolo*** transforme un de ses palais de San Marco en salle de jeux : le **Ridotto** (1638) attire autour de ses nombreuses tables de pharaon et divers autres jeux de hasard tous les représentants des familles fortunées de Venise, surtout à l'époque du Carnaval – qui dure, il est vrai, jusqu'à six mois de l'année au XVIIIe siècle ! Au milieu d'un luxueux décor, on joue masqué auprès des plus belles femmes de la cité, et l'on perd gros, à tel point que le Grand Conseil ordonnera la fermeture du **Ridotto** en 1774. Nobles et bourgeois aisés se retrouveront dans des salles plus ou moins clandestines appelées *casini* – un mot dont la postérité (au singulier, *casino*), est assurée.

L'art de déguster le café

Observateur avisé et curieux de son époque, Giovanni Grevembroch a laissé de très nombreux textes et aquarelles mettant en scène la vie quotidienne des Vénitiens au XVIIIe siècle. Le Carnaval et ses masques l'inspirèrent, la vogue des cafés également.

Les grandes fêtes vénitiennes

La fête est une autre constante de Venise. A l'époque de la République, il ne se passait pratiquement pas une semaine qui ne soit marquée par une festivité. L'origine de bon nombre de ces fêtes est païenne, issue de cérémonies dont l'origine se perd dans le passé. C'était le cas, notamment, des fêtes de la Chandeleur, qui donnaient lieu, sur le campo Santa Maria Formosa et d'autres places, à diverses courses de taureaux ou de bœufs, ainsi qu'à des jeux ayant pour objet le sacrifice de petits animaux, oies ou chats livrés à la violence populaire.

Les grandes fêtes religieuses dérivaient du culte des reliques, chaque saint vénéré dans les divers *sestiers* étant honoré à date fixe par les habitants. La Fête-Dieu était célébrée en grandes pompes par une procession particulièrement spectaculaire sur la **piazza San Marco**, à laquelle prenaient part le doge, le gouvernement, le clergé, les représentants des *scuole* et la population. La fête de l'Ascension, ou *Sensa*, coïncidait avec la commémoration des Epousailles de la mer. A cette occasion, le *Bucentaure*, somptueuse galère d'apparat, sortait de son hangar de l'**Arsenal**, et traversait le bassin de Saint-Marc, suivi par toute une flotille de bateaux. Le doge, qui avait pris place à bord, se rendait jusqu'à la passe de San Nicolo, au Lido, puis jetait l'anneau nuptial dans les flots. Après une messe célébrée dans l'église du **monastère de San Nicolo**, la journée se passait en réjouissances. De nos jours, l'évocation de cette cérémonie attire à Venise une foule nombreuse, tout comme les deux fêtes religieuses instaurées en remerciement de la fin de deux des plus terribles épidémies de peste qui s'abattirent sur la ville en 1577 et 1630.

La première, celle du Rédempteur, a lieu le troisième dimanche de juillet. Un pont de bateaux permet aux Vénitiens de se rendre des *zattere* jusque sur la Giudecca, et la procession, qui mène au **Redentore**, donne lieu à la sortie de très nombreux habitants de la cité à bord de petites embarcations, la fête religieuse évoluant ensuite vers une joyeuse réunion sur l'eau et s'achevant par un feu d'artifice. La fête de la **Salute**, qui a lieu le 21 novembre, jour de la présentation de la Vierge au Temple, a certainement conservé un aspect moins profane. Ici, un pont de bateaux permet de traverser le Grand Canal entre **Santa Maria del Giglio** et la **Salute**, dont le portail principal, ouvert, laisse apercevoir de loin l'autel de la basilique consacrée à la Vierge.

Quand Venise se donne en spectacle

Lointain et brillant écho des fastes de la Sérénissime République, la Régate historique, instaurée sous la domination autrichienne, est chaque année pour un très nombreux public l'occasion d'assister à un spectacle exceptionnel sur le Grand Canal et le bassin de Saint-Marc. Véritable parade d'embarcations décorées et de personnages costumés, la Regata storica est le digne reflet de la splendeur passée de Venise. Dans un esprit plus actuel, la Vogalonga, qui se dispute à l'époque de l'Ascension, permet à plus d'un millier de bateaux de toutes tailles et à leurs équipages, venus du monde entier, de parcourir trente kilomètres à travers la lagune, pour le simple plaisir de la rencontre et de l'exploit sportif.

Une passion pour la régate

L'art de la régate est une invention vénitienne, tout comme le terme qui désigne cette course sportive entre navires. L'origine du mot régate est assez obscure : certains linguistes pensent qu'il vient du verbe *regatar*, faire une compétition ; d'autres du

mot *gata*, chatte, peut-être parce que les cris et les vociférations qui accompagnaient les régates faisaient songer aux miaulements des chattes amoureuses, et que ces compétitions, régulièrement organisées dès le XIVe siècle, s'ouvrirent aux femmes un siècle plus tard !

Ce genre de divertissement, qui permettait à Venise de maintenir en excellente forme des rameurs capables de servir à tout moment sur les galères militaires, fut encouragé par la République. De nombreuses régates furent organisées, et cette tradition fut rétablie sous la domination autrichienne, avec la création de la Régate historique, en 1825, qui a toujours lieu chaque année en septembre.

La gondole, typique de Venise

Les embarcations à rames ou à voiles utilisées depuis des lustres par les Vénitiens et les habitants des environs sont nombreuses : *sandolo*, *topo*, *puparin*, *mascareta*, *sanpierota*, *vipera*, *caorlina*, pour ne citer que les plus répandues parmi les pêcheurs, ou comme simple moyen de déplacement, chacune étant originaire d'un lieu précis de la lagune. Aucune ne se pilote de la même façon, et il est toujours spectaculaire de voir un Vénitien debout sur son esquif, nageant à la *valesane*, en croisant ses deux rames.

De tous les bateaux "civils", aucun n'est plus populaire que la gondole, qui a tant frappé l'imagination des visiteurs, de tout temps, et qui demeure le symbole de Venise par excellence. ***Chateaubriand***, saisi par leur couleur noire, croit en apercevant pour la première fois des gondoles qu'il assiste à quelques funérailles ! Il est vrai qu'à Venise, les morts vont au cimetière de **San Michele** par bateau… ***Théophile Gautier*** sera ravi par le spectacle des gondoles auxquelles il consacre des lignes spirituelles : "La gondole est une production naturelle de Venise, un être ayant sa vie spéciale et locale, une espèce de poisson qui ne peut subsister que dans l'eau d'un canal. (…) La ville est un madrépore dont la gondole est le mollusque."

Son origine est obscure, et on lui prête aussi bien un ascendant grec que turc. Peut-être existait-elle déjà dans les premiers temps de la cité ? Nous savons avec certitude qu'elle voguait sur les canaux vénitiens au détour du XIe siècle. Il y eut des gondoles de tailles et de couleurs diverses, rivalisant de richesse avec leurs parements d'étoffes, leurs ornements métalliques, et cette cabine de carrosse délicatement ouvragée, placée au centre du bateau – le *felze* – qui permettait d'aller et venir incognito, et même de se livrer à des activités galantes ! Les lois somptuaires, visant au redressement moral d'une cité où les patriciens ne pensaient plus qu'à rivaliser de luxe tapageur, frappèrent la gondole en 1562 et lui imposèrent des canons très stricts. Il y en avait à l'époque plus de dix mille dans Venise !

Un modèle unique

Dès lors, les chantiers de construction (il existe encore quelques rares *squeri* où l'on fabrique et répare ces superbes ancêtres des très prosaïques *motoscafi* et *vaporetti*) furent tenus de respecter certaines règles : 11 m de longueur, 1,20 m de large, la couleur noire, le même *ferro* à la proue symbolisant, dit-on, par sa forme, le *corno* ducal, les six *sestiers* de Venise et la Giudecca.

Sa seigneurie la gondole

Elles étaient au nombre de dix mille à évoluer sur les canaux de Venise, au XVIe siècle, et cette toile de Canaletto peinte deux siècles plus tard nous montre que le trafic nautique était toujours aussi important. La gondole demeure le bateau le plus typique de la lagune.

Malgré un poids de cinq cents kilos, la gondole n'en est pas moins un esquif infiniment maniable, du moins entre les mains expertes d'un gondolier. Celui-ci sait manœuvrer sa rame unique avec une étonnante dextérité, jouant librement dans la *forcola*, perché à la poupe dans un savant déséquilibre.

Pour les régates, il existe des modèles un peu différents que l'on reconnaît à leurs couleurs vives. Mais aucune ne saurait rivaliser, dans le cœur des Vénitiens – et l'imagination des touristes – avec la noire gondole, moyen de transport obligé des jeunes mariés en voyage de noces : une institution !

Une atmosphère variée à l'infini

L'esprit de quartier

L'un des charmes majeurs de Venise réside dans la diversité de ses aspects, comme si chaque *sestier* possédait son atmosphère propre, un climat ambiant qui n'appartient qu'à lui, écho un peu assourdi d'une intense vie de quartier qui exista tout au long de l'histoire de la cité. Même s'il est possible de parcourir Venise, depuis la *Stazione* jusqu'à Castello en quelques instants si l'on est bon marcheur, on ne peut qu'être frappé par la diversité des atmosphères. Aucune similitude entre les abords du Grand Canal, avec leurs demeures patriciennes, le calme presque villageois du nord de Cannaregio et les *mercerie* avec leurs boutiques de luxe. Rien de plus divers que l'animation populaire de la via Garibaldi, à Castello, le fourmillement commerçant du Rialto ou la douceur de vivre qui émane de certains coins de Dorsoduro.

Une langue particulière

Même le dialecte varie selon les lieux où l'on se trouve. La langue vénitienne, d'origine romane, et qui a assimilé de très nombreux mots venus d'horizons divers, depuis le passage des envahisseurs de l'époque romaine jusqu'à la grande période de l'expansion commerciale, est toujours activement pratiquée. Mais le vénitien cède la place à divers dialectes et prononciations qui varient, suivant que l'on se trouve à Burano, Torcello, Pellestrina ou Chioggia. De quoi y perdre son italien ! La langue vénitienne a laissé une empreinte durable, avec des mots aussi divers que ghetto, arsenal, pantalon, régate, lazaret, sequin, imbroglio…

La cité, jadis, tenait à ses particularismes. Elle était même symboliquement coupée en deux factions rivales, les Nicolotti (nom dérivé de celui de la **paroisse San Nicolo dei Mendicoli**) et les Castellani, qui s'affrontaient régulièrement en des bagarres à coups de poings qui se déroulaient sur un pont proche du campo San Barnaba, que l'on appela désormais *ponte dei Pugni* (pont des poings).

Rien de tel, de nos jours, les Vénitiens étant devenus plus paisibles, occupés pour la plupart aux activités d'accueil créées par le tourisme.

Un calme provincial

Il y a dans Venise environ cent soixante canaux. En dehors des circuits touristiques très fréquentés, on peut facilement trouver des oasis de calme où il fait bon flâner.

Le pittoresque des rues

En dehors de ses palais et de ses monuments, Venise possède des trésors plus humbles qu'il est très agréable de découvrir au hasard des flâneries. Ce sont, par exemple, les très nombreuses margelles de puits ou de citernes disséminées à travers la ville, et qui permettent de suivre l'évolution des styles, de l'époque vénéto-byzantine au XVIIIe siècle. Qui ne serait pas séduit, de même, par l'étonnante variété de sculptures ornant bien des demeures de la cité ? Médaillons byzantins, blasons des familles nobiliaires ou des *scuole*, reliefs médiévaux, madones renaissantes, ces parures souvent discrètes se comptent par centaines, sans oublier une variété infinie de lions célébrant le saint patron de Venise. Le plus ancien lion "indigène" de la cité, peut-être antérieur au XIIIe siècle, se trouve à l'**église Sant'Aponal** (saint Apollinaire), proche du Rialto. Les plus martiaux sont certainement ceux qui montent la garde devant l'**Arsenal**. Ramenés par ***Francesco Morosini*** lors de la conquête de la Morée, ils proviennent d'Athènes, du Pirée et de l'île de Delos.

La cité des chats

A Venise, il est difficile de ne pas rencontrer, au hasard des promenades, ces "cousins" du lion de ***saint Marc*** que sont les chats. Avec les pigeons – redoutables pollueurs de monuments mais bien-aimés des touristes de la **Piazza** –, ils font partie du bestiaire traditionnel de la cité des doges. Depuis toujours, ils furent respectés et recherchés par les Vénitiens, dans cette ville bâtie sur l'eau, proie perpétuelle des rongeurs qui détruisaient inlassablement céréales et tissus, cordes et livres.

La population des chats lagunaires étant insuffisante pour faire face à l'ennemi, le *pantegan* – notre surmulot –, on en rapporta au cours des siècles de Constantinople, d'Egypte, de Barbarie et surtout de Syrie, pour leurs qualités de ratiers. Ce beau chat tigré au regard d'un vert profond que l'on croise, se prélassant sur les dalles d'un *campo,* les Vénitiens l'ont justement baptisé *soriano*, de *Soria*, l'ancien nom de la Syrie, et le mot *soriano*, passé dans la langue italienne, désigne à présent le chat tigré en général.

Le vrai blond vénitien

Levez les yeux ! Vous constaterez qu'un très grand nombre de palais et de maisons possèdent, juché sur leur toit de tuiles rouges, un curieux échafaudage de bois, petite terrasse sans aucun ornement où l'on voit parfois le linge en train de sécher. Cette construction typiquement vénitienne, que l'on aperçoit déjà sur les tableaux des XVe et XVIe siècles, s'appelle une *altana.* Elle permettait, au choix, de prendre le soleil ou le frais à l'abri des regards indiscrets, aux habitants de la demeure, mais aussi et surtout, elle était pour les femmes le lieu où elles pouvaient, sans l'aide du *parruchiere* – du coiffeur –, donner à leur chevelure cette nuance de blond doré aux reflets roux que l'on appelle encore blond vénitien.

Pour supporter la chaleur et ne pas noircir leur peau, les belles revêtaient une longue chasuble blanche, puis posaient sur leur tête un chapeau de paille sans fond aux très larges bords couvrant la nuque et les

épaules, la *solana*, sur lequel elles étendaient les mèches de leurs cheveux. Tenant d'une main une baguette terminée par une petite éponge, elles enduisaient régulièrement leur chevelure d'un élixir où se mêlaient la centaurée, la gomme arabique, la chaux, et divers ingrédients, le secret de la recette exacte étant jalousement gardé par les parfumeurs. L'exposition au soleil dardant ses rayons sur les *altane* donnait progressivement aux cheveux des élégantes la teinte souhaitée.

Vivier et verger tout à la fois

Peuple de marins et de navigateurs au long cours, les Vénitiens ont toujours pratiqué une cuisine adaptée à ce particularisme ; d'où l'abondance de plats où les légumes secs, le riz et les pâtes, la morue, le sel, le vinaigre et les aromates assuraient une bonne conservation, comme ces *sarde in saor*, proches des provençales sardines à l'escabèche, que l'on sert dans toute trattoria qui se respecte, où les poissons, frits et revenus au vinaigre avec des oignons, se gardent longtemps dans une terrine.

Qui veut savoir ce que mangent les Vénitiens doit se promener le matin, au marché du Rialto. Dans le décor inchangé depuis des siècles de l'*erberia* et de la *pescheria*, s'étalent dans un cadre pittoresque fruits et légumes venus des vergers de Sant'Erasmo, de Vignole et de Pellestrina, ainsi que tous les poissons, crustacés et mollusques pêchés dans la lagune et sur les bords de l'Adriatique. C'est ici que s'achètent les petits artichauts, appelés *castraure*, et les asperges vertes, les sèches, *scampi*, crevettes, cigales et araignées de mer, anguilles et lottes, qui entrent dans la confection de ces plats savoureux de la lagune : risotto, *spaghetti alle vongole*, sèches cuites dans leur encre, accompagnées de polenta, et tant d'autres spécialités qui se marient si bien avec le vin blanc légèrement pétillant de Vénétie...

Venise, reine des mers

Quel visage donner à la cité des eaux, sinon celui d'une femme dans toute la plénitude de sa beauté, couchée auprès d'un lion dompté ? En peignant pour la décoration d'une salle du palais Ducal Neptune offre à Venise les fruits de la mer (1748-1750, détail), Giambattista Tiepolo nous montre à quels canons une femme du XVIIIe siècle devait se plier pour incarner la séduction souveraine. Cette incarnation féminine de Venise a naturellement les cheveux du plus pur blond vénitien, que toutes les belles essayaient d'obtenir grâce à une mystérieuse teinture...

VENISE, PÔLE CULTUREL

Un miroir pour les écrivains

Des visiteurs lettrés

Venise, ou la tentation de l'écriture. Mais comment, pour les visiteurs lettrés qui s'y rendirent dès le Moyen Age, se priver de raconter les mille et un prodiges de cette ville si différente des autres ?

C'est ***Dante***, fasciné par la vision "infernale" de l'**Arsenal**, ***Pétrarque*** séduit par les institutions et les beautés de la cité, ***Commynes*** émerveillé par le Grand Canal et ses palais comme après lui ***Montaigne*** saisi par le spectacle de la **place Saint-Marc** ; mais la fascination pour la cité bâtie sur les eaux se teinte parfois d'ironie, ainsi ***Joachim du Bellay*** moque les Epousailles de la mer en un sonnet sarcastique, et la critique se fait plus acerbe encore au fil des siècles, reflétant la décadence et la corruption.

"Mes yeux sont très satisfaits à Venise ; mon cœur et mon esprit ne le sont point", note ***Montesquieu***. "Je n'aime point une ville où rien n'engage à se rendre aimable ni vertueux." A la même époque, le président ***Charles de Brosses***, s'il goûte fort les gondoles, trouve le **palais des Doges** d'un style exécrable. Quant à ***Gœthe***, qui se rend à Venise en 1786, il préfère Rome.

Une vision romantique

Les Romantiques, qui découvrent une Venise meurtrie et à l'abandon, la parent de grâces funèbres mais néanmoins inspiratrices. ***Chateaubriand*** y vient dès 1806, et il s'écriera, après un second séjour : "Que ne puis-je m'enfermer dans cette ville en harmonie avec ma destinée, dans cette ville des poètes, où ***Dante***, ***Pétrarque***, ***Byron***, passèrent !" ***Lord Byron***, qui vit plusieurs années à Venise, dès 1816, où il entraîne ***Shelley***, et y mène une existence fort tapageuse, fait passer dans son œuvre – en particulier dans *Childe Harold et Beppo* – cette noire et magnifique poésie de la cité lagunaire. Pour les Anglo-Saxons qui accomplissent en guise de voyage d'études artistiques en Italie ce que l'on appellera le "Grand tour", Venise devient une étape recherchée. ***Elisabeth*** et ***Robert Browning***, ***Charles Dickens*** écrivent sur Venise, mais c'est l'historien de l'art ***John Ruskin*** qui, le premier, dans *Les Pierres de Venise*, disserte longuement sur l'architecture gothique de la cité.

Madame de Staël trouve Venise éblouissante, comme l'atteste *Corinne*. ***George Sand***, qui y vit des amours tumultueuses avec ***Alfred de Musset*** à l'hôtel *Danieli*, nous plonge dans la douceur des clairs de lune sur le Grand Canal, comme le fera ***Théophile Gautier***. ***Taine*** est plein d'admiration. ***Stendhal*** pense un moment s'installer à Venise, mais son cœur est bientôt ailleurs en Italie. ***Louise Colet***, ***Edmond*** et ***Jules de Goncourt*** consacreront à leur tour bien des pages à cette ville inspiratrice.

Chroniques d'une mort annoncée

Balzac voit déjà, en 1837, la mort se profiler sur "cette pauvre ville qui craque de tous côtés et qui s'enfonce d'heure en heure dans la tombe..." Ce thème de l'inévitable disparition de la cité, de *La Mort de Venise* – titre de l'ouvrage que lui consacrera ***Maurice Barrès*** – sera repris par bien d'autres voix, celle de ***Zola*** en particulier : "Ce qui a fait sa force, son isolement au milieu des flots, fait aujourd'hui sa faiblesse et sa mort. Aucune résurrection possible."

Peintre et touriste

Séduit par les lumières de la lagune, Claude Monet vient peindre à Venise en 1908. Il n'en sacrifie pas moins au cérémonial de la photo sur la place Saint-Marc en compagnie de sa seconde femme, Alice Hoschedé.

Un bouquet littéraire

La Mort à Venise, de ***Thomas Mann***, est sans doute le roman qui communique au plus haut point ce sentiment de lente désagrégation qui frappe les visiteurs au début du XXe siècle. La quête funèbre de ***Gustav von Aschenbach***, irrésistiblement attiré par un éphèbe qui sera pour lui l'ange de la mort, dans une cité en proie au choléra, illustre un des aspects de Venise que choisiront de montrer certains écrivains, comme le baron ***Corvo***, avec *Le désir et la poursuite du tout*.

Il n'en a pas toujours été ainsi. Aucune similitude entre la Venise où ***Shakespeare*** met en scène *Othello* ou *Le Marchand de Venise* et ***Ben Jonson*** son *Volpone et* celle de ***Carlo Goldoni*** *(Il Campiello, La Locandiera)*, ***Giacomo Casanova*** *(Ma vie)*, ***George Sand*** *(Les Maîtres mosaïstes)*, ***Alfred de Musset*** *(La Nuit vénitienne)*, ***Henry James*** *(Les Papiers d'Aspern, Les Ailes de la colombe)*, ***Gabriele D'Annunzio*** *(Le Feu)*, ou ***Marcel Proust*** *(Albertine disparue)*.

Plus proches de nous, que de visions originales de Venise nous ont données des chroniqueurs, romanciers poètes et nouvellistes aussi divers qu'***Henri de Régnier*** *(L'Altana ou la vie vénitienne)*, ***André Suarès*** *(Voyage du condottiere)*, ***Ezra Pound*** *(Cantos)*, ***Ernest Hemingway*** *(Au-delà du fleuve et sous les arbres)*, ***James Hadley Chase*** *(Eva)*, ***Suzanne Fasquelle*** *(L'Air de Venise)*, ***Daphné du Maurier*** *(Ne vous retournez pas)*, ***Fruttero et Lucentini*** *(L'Amant sans domicile fixe)*, ***Paul Morand*** *(Venises)*, ***Marcel Brion*** *(Le théâtre des esprits)*, ***Pier Maria Pasinetti*** *(De Venise à Venise)*, ***Mary Mc Carthy*** *(Venice observed)*, ***Jan Morris*** *(Visa pour Venise)*, ***Hugo Pratt*** *(Fable de Venise)*, ***Marcel Schneider*** *(La Fin du carnaval)*, ***Frédéric Vitoux*** *(Charles et Camille)*, ***Jean d'Ormesson*** *(La Douane de mer)*, ***Joseph Brodsky*** *(Acqua alta)* ou ***Paolo Barbaro*** *(Lunaisons vénitiennes)*... Et nous ne citons ici que quelques-uns des ouvrages inspirés par la cité des doges !

Sans doute Venise, cité des eaux, ville de songe, création de l'impossible, lovée tel un fœtus dans le ventre maternel, est-elle de ce fait source d'inspiration inépuisable pour les créateurs ?

Pour l'amour de l'art

Une lumière inspiratrice

Si les écrivains ont toujours chéri Venise, les peintres, surtout depuis le siècle dernier, sont venus afin d'y capter la lumière si changeante de la lagune. Bien sûr, auparavant, des artistes étrangers à Venise, comme ***Mantegna***, ***Paolo Uccello***, ***Léonard de Vinci***, ***Michel-Ange***, ***Dürer***, y ont séjourné. Mais c'est véritablement au XIXe siècle que les peintres européens commencent à venir installer leur chevalet à Venise. Le britannique ***William Turner*** est le premier, avec ses aquarelles qui captent à merveille les beautés fugitives de la cité. ***Auguste Renoir*** peindra le Grand Canal, ***Claude Monet*** en ramènera une quarantaine de toiles. ***Félix Ziem***, ***Paul Signac***, ***Lucien Lévy-Dhurmer*** viendront à leur tour, et après eux, tant d'autres...

La musique et le cinéma

Monteverdi et ***Rossini***, pour citer les plus fameux, vécurent et composèrent à Venise, comme plus tard ***Richard Wagner***, qui y écrivit une partie de son *Tristan et Isolde*.

Venise a également inspiré des compositeurs comme ***Offenbach*** *(Le pont des Soupirs)* ou ***Benjamin Britten*** *(Mort à Venise)*, tout comme elle a prêté son cadre à un nombre considérable de films, qu'il s'agisse des évocations de ***Casanova***, notamment *Un adolescent à Venise* de ***Luigi Comencini*** ou le *Casanova* pour lequel ***Federico Fellini*** reconstitua la ville en studio à Rome, de comédies comme *Vacances à Venise* de ***David Lean*** ou bien sûr, dans un registre dramatique, de la magistrale adaptation par ***Luchino Visconti*** de *Mort à Venise*. Le cinéaste anglais, ***Joseph Losey***, tourna à Murano et dans les environs son *Don Giovanni*.

Entre Mostra et Biennale

Le cinéma a toujours été vivement apprécié à Venise, grâce au Festival international d'art cinématographique. La Mostra, qui se déroule depuis 1932 au **Lido**, où fut construit un **palais des Festivals**, a connu de

Le chef-d'œuvre de Visconti

Mieux que quiconque, Luchino Visconti a su, dans son film Mort à Venise, transmettre cette impression d'abandon, de décadence de la cité des doges au début du XXe siècle. L'Hôtel des Bains et la plage du Lido servirent de décor à plusieurs scènes.

grandes heures, des moments d'éclipse durant la dernière guerre ou de contestation en 1968, mais réalisateurs et vedettes s'y montrent avec autant de fidélité qu'au Festival de Cannes. Dans le domaine artistique, Venise a créé dès 1893 une Biennale d'art contemporain qui se déroule dans les jardins de Castello, où furent implantés des pavillons représentant de nombreux pays. A l'origine peu ouverte aux innovations, la Biennale subit le choc futuriste dans les années 1910, et présente depuis la fin de la guerre les plus importants créateurs. De nos jours, cette manifestation, si elle a perdu une part de son prestige, n'en attire pas moins à Venise un public passionné.

TRADITIONS ET FASTES DU CARNAVAL

Carnaval d'hier...

Des origines belliqueuses

De toutes les fêtes vénitiennes, le Carnaval fut la plus célèbre, celle qui attirait l'Europe entière, avide de plaisirs, vers la cité des doges, où les festivités duraient jusqu'à six mois, entre le XVIe et le XVIIIe siècle. Il n'en fut pas toujours ainsi, et, si l'on ignore avec exactitude à quelle époque le Carnaval – écho des antiques saturnales romaines – a commencé d'être célébré à Venise, il est probable que son origine historique ait été une cérémonie qui se déroulait le jour du Jeudi-gras. En 1162, le patriarche d'Aquilée leva une armée pour attaquer Grado. Le doge ***Vital Michiel II*** mit bon ordre à cette révolte, et le patriarche ***Ulric*** et douze de ses chanoines furent conduits au **palais Ducal**, condamnés à mort, graciés à la demande du pape ***Adrien IV***, et obligés par le doge à payer symboliquement leur liberté par un tribut qui ridiculisait leur autorité : un taureau et douze porcs.

Chaque année, lors de la fête du Jeudi-gras, le sacrifice rituel du taureau et des douze porcs eut lieu dans la cour du **palais des Doges**, en présence des représentants du gouvernement - cette mise à mort étant attendue avec impatience, les cris de joie de la population à l'instant de la décollation du taureau marquait le signal du début de la liesse populaire. Le doge devait alors donner le premier coup de hache à une maquette du **château d'Aquilée**, que l'on détruisait ainsi en mémoire de la prise de la cité rebelle. Ces coutumes quelque peu barbares furent abolies par le doge ***Andrea Gritti*** en 1523.

Sur la **place Saint-Marc**, noire de monde, avait lieu l'Envol de l'Ange (ou du Turc, en souvenir du premier à avoir osé cet exercice périlleux) : un équilibriste se lançait du haut du **campanile**, suspendu à un fil, en s'aidant d'un balancier, et offrait un bouquet de fleurs au doge, qui assistait au spectacle depuis le balcon du **Palais**. Les fêtes du Jeudi-gras se déroulaient avec toutes sortes de jeux nautiques et équestres, chasses au taureau et à l'ours, courses d'échasses ou de brouettes, sans oublier une pyramide humaine que l'on formait sur la **Piazza**, traditionnellement appelée "les Forces d'Hercule". La journée s'achevait par des réjouissances nocturnes, des bals et un feu d'artifice.

Carnaval, un mot étrange

D'où vient cette appellation de "carnaval"? Les linguistes avancent deux hypothèses. Le mot pourrait venir du latin *carnem levare*, priver de viande, de chair – ceci annonçant le Carême – ou au contraire de *carne vale*, la chair prévaut ; la chair, dans les deux cas, signifiant à la fois la viande que l'on mange et la chair que l'on convoite. Le carnaval, on le sait, est avant tout une transgression des interdits, une exaltation, précisément, de tout ce qui est d'ordinaire défendu. A Venise, cette transgression atteindra des sommets dès la Renaissance, et malgré les interdits et anathèmes régulièrement lancés par le gouvernement et l'Eglise, le Carnaval vénitien se maintiendra, et toute l'Europe viendra goûter à ce tourbillon de licence et de débauche inconnu ailleurs.

L'origine des masques

Point de masques, lors des premières fêtes à Venise. L'usage semble s'être répandu après la conquête du Levant. Une loi de 1268 autorise le port du masque à Venise, non seulement pendant le Carnaval, mais pour une période de six mois de l'année. Les Vénitiens prirent l'habitude de sortir masqués, richement vêtus, les

Incognito

Carnaval ou le jeu avec le feu, comme en témoignait un voyageur français du XVIIe siècle : "Les gentilles dames qui ont des galanteries, trouvent dans cette saison mille moyens de tromper leurs maris, et leurs surveillants ; car il n'y a presque point de lieu, où l'on ne puisse s'introduire à la faveur des masques ; de sorte que le Carnaval est la véritable moisson des amours : on y cueille les fruits de toutes les intrigues qu'on a tramées dans une saison moins favorable."

femmes arborant tous leurs bijoux (ce qui fut interdit, hors Carnaval, par les lois somptuaires), dès le 26 décembre, à la Santo Stefano (Saint-Etienne). Ce jour-là, il devint d'usage de se promener masqué, puis également costumé par la suite, sur le campo Santo Stefano. Bien vite, cette ouverture du Carnaval eut lieu sur la **place Saint-Marc**, plus vaste, et l'on assista chaque hiver à d'incessants défilés de masques sous les **Procuraties**.

Commedia dell'arte et pasquinades

Sous l'impulsion des compagnies de la *Calza* réunissant divers groupes de jeunes bien décidés à s'amuser, des spectacles improvisés commencèrent à fleurir à travers la cité, pour se généraliser vers le XVe siècle. Des tréteaux s'élevaient sur les *campi*, des comédiens grimés et masqués jouaient des farces : la *Commedia dell'Arte* était née, et au XVIIIe siècle, ***Carlo Goldoni*** devait lui donner ses lettres de noblesse, grâce à ses comédies puisant leur inspiration dans l'âme du peuple vénitien. Partout, on voyait fleurir des boutiques de charlatans, astrologues, tireuses de cartes, débits de café et de beignets, montreurs d'animaux exotiques – éléphants, lions ou dromadaires –, marionnettistes et autres bonimenteurs... Qui ne sortait pas masqué dans Venise était conspué par des groupes de masques qui se jetaient sur ceux qui refusaient de se joindre à la folie générale.

Des masques pour la noblesse

Dès 1436, les artisans spécialisés dans la fabrication des masques possédaient leur statut propre, leur corporation étant alors différenciée de celle des peintres. De nombreuses boutiques de *maschereri* s'ouvrirent à travers Venise, où l'on pouvait se procurer les accessoires requis pour le Carnaval.

Parmi ceux-ci, il y en avait que tous les gentilshommes se devaient d'arborer : la *bauta*, ou masque noble, qui n'était pas à proprement parler un masque, mais une sorte de capuchon de soie noire formant mantille sur les épaules, et qui cachait les cheveux, les oreilles, le cou et le menton, et par dessus lequel les hommes portaient le tricorne. Le port de la *bauta* se complétait par celui de la *larva*, ou *volto*, simple masque blanc qui donnait une allure quelque peu fantomatique à qui le mettait sur son visage. Les nobles dames cachaient leurs traits sous la *moretta*, masque ovale en velours noir.

De prodigieux costumes
Les amoureux du Carnaval de Venise n'hésitent pas à consacrer un gros budget à la réalisation de leur costume, pour le plaisir de la fête... et des photographes !

Une infinité de personnages

Mais chacun – les patriciens comme les gens du peuple – pouvait adopter un des nombreux travestissements en vogue : turc fumant la pipe, médecin de la peste, avocat, allemand, espagnol, juif, diable, homme sauvage, paysanne tenant son bébé dans les bras, maure, amazone, marchand de polenta, bossu, sans oublier tous les personnages de la *Commedia dell'Arte* : ***Arlequin***, ***Pulcinella*** (Polichinelle), ***Pantalon***, ***Brighella***, ***Colombine***... La liste de tous les déguisements que l'on retrouvait chaque année serait interminable.

Pendant le Carnaval, on se rendait masqué à toutes ses occupations, qu'il s'agisse d'aller faire le marché ou de traiter une affaire. Le masque, c'était l'abolition des barrières sociales, la confusion des sexes. Cafés, boutiques, théâtres, *ridotti* étaient peuplés de personnages masqués, et tout Venise se retrouvait, une heure avant le coucher du soleil, sur la **place Saint-Marc** où il devenait difficile de faire un pas. Les intrigues amoureuses se nouaient avec une grande facilité, comme en témoigne un voyageur français du XVIIe siècle.

Pendant cette période, les milliers de courtisanes que comptait Venise faisaient des affaires en or. Le travestissement favorisait la prostitution masculine, et permettait toutes les promiscuités, tous les débordements d'habitude contenus. Des espions à la solde du Conseil des Dix allaient – masqués, évidemment – à travers la ville, traquant le vice, dénonçant la corruption. Des lois furent promulguées, interdisant en particulier aux hommes de se costumer en femmes pour pénétrer dans les couvents de religieuses, et à quiconque d'entrer masqué dans une église ou un parloir de monastère... En temps de peste, le masque était prohibé, puis la folie reprenait. Elle allait durer jusqu'à la chute de la République, le gouvernement autrichien n'autorisant plus les masques que dans le cadre de soirées privées. De plus, les Vénitiens fidèles à la grandeur passée de leur cité répugnaient pour la plupart à faire la fête sous le regard de l'occupant.

Le Carnaval atteignait son comble le Mardi-gras. Le dernier jour du Carnaval est demeuré légendaire, car parades, farandoles, bals et réjouissances ne connaissaient plus aucune borne et la frénésie s'emparait de Venise jusqu'à minuit. Alors sonnaient les douze coups au clocher de l'**église San Francesco della Vigna**, et le silence et le calme envahissaient soudain la cité en fièvre. Carnaval était mort, il était grand temps de se préparer à la pénitence du Carême.

Couples jumeaux

Blotti contre la Loggetta du campanile, un couple se dissimule sous des masques identiques. Cette "gémellité des travestis" est une des constantes du Carnaval de Venise.

... et d'aujourd'hui

Une résurrection spontanée

Quand Venise fut rattachée au royaume d'Italie, le Carnaval resta lettre morte. La cité des doges n'était plus qu'une ville provinciale, meurtrie dans son orgueil. Et dans la première partie du XXe siècle, les quelques soirées mémorables organisées dans de grands palais par le comte ***Volpi*** ou ***Charles de Beistegui*** ne touchèrent qu'une élite.

Il fallut attendre la fin des années 1970 pour que le Carnaval, à l'instar du phénix, renaisse spontanément de ses cendres, à l'instigation d'étudiants et de commerçants vénitiens soucieux de retrouver une étincelle de la gaieté de jadis. Les tout premiers Carnavals de l'ère moderne tenaient plus du *happening* que de la fête longuement préparée, et c'est certainement cette fraîcheur, cette spontanéité, qui en firent l'éclatant succès.

Le grand retour de Carnaval

Venise somnolait, dans la semi-léthargie propre aux villes-musées, quand une poignée de jeunes, frustrés de ne pouvoir s'amuser dans une cité où seuls les chats se promènent dehors à la nuit tombée, se mit en tête de faire de la musique, des improvisations théâtrales, de danser et de rire dans les rues. Le message fut entendu, et cet embryon de folie carnavalesque fit boule de neige, de nombreux Vénitiens se mêlant à la fête. Maquillages et costumes refirent leur apparition, de même que les masques. Des soirées s'improvisaient dans les grands appartements de palais : l'esprit de la suprise-party rejoignait celui du défunt Carnaval, bientôt ressuscité, avec la bénédiction de la Commune de Venise.

Une institution touristique

Si Rio de Janeiro pouvait attirer autant de touristes, à l'époque du Carnaval, Venise, plus proche, ne pouvait-elle rivaliser de splendeur et de fantaisie ? L'impact commercial et promotionnel d'une telle manifestation n'échappa à personne, et bientôt, un Carnaval "officiel" allait renaître, d'une ampleur sans comparaison avec les premières flambées sauvages, agrémenté de soirées officielles, de bals, feux d'artifices et événements spectaculaires.

Venise, jusqu'alors désertée à cette époque de l'année où le froid et l'humidité sont bien souvent de la partie, attira de toute l'Europe, et du monde entier, une foule prête à se joindre à ce nouveau rendez-vous sous le signe des masques, dans son cadre magnifique. C'était assurément, d'un point de vue commercial, une très bonne affaire. Mais les Vénitiens qui, les premiers, avaient eu l'idée de cette résurrection, boudèrent, laissant la place aux touristes. Pour eux, la culture carnavalesque, sacrifiée sur l'autel de la rentabilité, était bafouée.

La fête aux mille couleurs

Il n'empêche que le Carnaval de Venise, s'il a connu depuis sa renaissance, des "crus" plus ou moins savoureux, n'en est pas moins redevenu une institution

Carnaval est mort

Adieu danses, paillettes et rires : minuit vient de sonner au clocher, et les masques disparaissent dans un ultime froissement de soie, derniers fantômes chassés par le Carême qui reprend ses droits...

qui draine chaque année, pendant la quinzaine de jours qui précèdent le mercredi des Cendres, une foule cosmopolite ivre de fêtes, venue du monde entier pour admirer l'invention, le chic, la poésie ou le clinquant de milliers de costumes plus extravagants et originaux les uns que les autres. Dans les rues de la cité, sur la **place Saint-Marc**, au café *Florian,* les masques ont repris leur place, comme à l'époque de la Sérénissime République. Spectacles et animations fleurissent un peu partout, au hasard des *campi* et des rues. Chacun peut se mêler à la danse même si – élite oblige – les fêtes les plus raffinées et les plus recherchées se déroulent presque exclusivement dans l'atmosphère surannée et magique des vieux palais. Mais ne montre pas patte blanche qui veut...

Une multitude de masques

Le commerce des masques, disparu depuis longtemps, a trouvé une seconde jeunesse, et quelques artisans de grand talent confectionnent désormais, à longueur d'année, de très beaux modèles inspirés de la tradition ou d'un genre nouveau. Bien sûr, il en va des masques comme de la verrerie et des dentelles, et Hong Kong et Taïwan sévissent dans bien des vitrines pour touristes trop crédules... Mais en regardant bien, il est facile de ne pas tomber dans le piège... à condition de disposer d'un certain budget, car les belles pièces atteignent des prix très élevés.

En une quinzaine d'années, grâce à la résurrection du Carnaval, le masque a rejoint la gondole parmi les objets qui symbolisent le mieux Venise, et ce n'est que justice. Même si nous vivons à l'ère du tourisme, la vieille fascination du travestissement libérateur, le charme un peu trouble de l'équivoque mystère, le plaisir un peu enfantin de la parade costumée, la magie de la fête de rues agissent toujours.

Quelle cité, autre que Venise, pouvait donc mieux servir d'écrin de rêve à l'accomplissement toujours renouvelé de cet antique cérémonial païen ?

Page 112

Le condottiere statufié

Andrea Verrochio a su donner à son effigie de Bartolomeo Colleoni (devant l'église des Santi Giovanni e Paolo) toute la force qui animait ce fameux condottiere au service de la République.

Page 129

Fin tragique d'un héros

Ce buste en bronze du provéditeur Marcantonio Bragadin, par Alessandro Vittoria, au palais Ducal, rappelle la bravoure du défenseur de Chypre. Il périt affreusement en 1571 à Famagouste, écorché vif par les Turcs qui, ayant rempli sa peau de paille et l'ayant cousue, la promenèrent montée sur un bœuf dans les rues de Chypre. La peau de Bragadin, remise aux Vénitiens, fut placée dans une urne dans l'église Santi Giovanni e Paolo.

De notte ora ai teatri, ora al Redutto
Son quel che col feral serve de lume;
E pur che i paga mi so andar per tutto.

7

Prospectus a Columna S. Marci ad R

am Dalmatarum vulgò de' Schiavoni.

Prospectus a Columna S. Theod

ri ad ingressum Magni Canalis.

Caput Canalis et I

gressus in Vrbem.

Areae majoris S. Marci Pr

pectus ad Templum ejusdem.

Platea S. S. Iohannis et Pauli, eorum Templum et Schola D. Marci.

Platea S. Mariae Formosae, ejusque Templum.

Pons Rivoalti ad Occidentem, cum Aedibus Publicis utrique Lateri adjectis.

Ingressus in Canalem Regium ex Aede S. Ieremiae.

Prospectus a Substructionibus Rivoalti ad Aedes Civranorum.

Les différentes vues de Venise figurant dans ces pages sont des compositions de Canaletto, gravées à l'eau-forte et au burin

par G.B. Brustolon, ainsi que des gravures de Michele Marieschi réunies en 1741 dans ses “Perspectives de Venise”.

In piazza de S. Marco semo avezzi
Fitar palchi ogni sera in sie teatri
D'Opera, e de Comedia a varij prezzi. 27

BIBLIOGRAPHIE

ANONYME, *La Ville et la République de Venise,* Louis Billaine, 1680.
BACCHINI REALE Giorgiana et PASQUALIN Elisabetta, *Le Altane di Venezia,* Arsenale, 1989.
BARRES Maurice, *La Mort de Venise.*
BEC Christian, *Histoire de Venise,* Que sais-je ? PUF, 1993.
BRAUNSTEIN Philippe et DELORT Robert, *Venise, portrait historique d'une cité,* Points Seuil, 1971.
COMISSO Giovanni, *Les Agents secrets de Venise,* Le Promeneur, 1990.
CORVO Baron, *Lettres de Venise.*
D'ANNUNZIO Gabriele, *Le Feu,* Calmann-Lévy, 1912.
FOURNIER Pierre-Jean, *Guide de Venise,* Ouest-France, 1986.
FRUTTERO et LUCENTINI, *L'Amant sans domicile fixe,* Le Seuil.
GONCOURT Edmond et Jules (de), *L'Italie d'hier,* Charpentier et Fasquelle, 1894.
HALE Sheila, *Venise. Carnets du voyageur,* Gallimard, 1985.
HERSANT Yves, *Italies (anthologie des voyageurs français aux XVIIIe et XIXe siècles),* Laffont, 1988.
HUYGHE René et BRION Marcel, *Se perdre dans Venise,* Arthaud, 1986.
JAMES Henry, *Les Ailes de la colombe,* 1902.
KLOTCHKOFF Jean-Claude, *Venise aujourd'hui,* Editions Jeune Afrique, 1983.
LAROCHE Robert (de) et LABAT Jean-Michel, *Chats de Venise,* Casterman, 1991.
LAURITZEN Peter et ZIELCKE Alexander, *Palaces of Venice,* Phaidon, 1978.
MANN Thomas, *La Mort à Venise,* 1910.
MAURRAS Charles, *Les Amants de Venise,* Ferdinand Ongania, 1882.
MC CARTHY Mary, *Venise connue et inconnue,* Editions de l'Œil, 1956.
MOLMENTI Pompeo, *La Vie privée à Venise,* Ferdinand Ongania, 1882.
MORAND Paul, *Venises,* L'Imaginaire, Gallimard, 1971.
MORRIS Jan, *Visa pour Venise,* Gallimard, 1964.
ORMESSON Jean (d'), *La Douane de mer,* Gallimard, 1993.
PASINETTI Pier Paolo, *De Venise à Venise,* 10/18.
PIGNATTI Terisio, *Carpaccio,* Skira, 1958.
PIGUET Philippe, *Monet et Venise,* Herscher, 1986.
PIAMONTE Giannina, *Litorali ed isole. Guida della Laguna veneta,* Filippi, 1975.
PIZZARELLO Ugo, *Barche a Venezia,* L'Altra Riva, 1984.
PRATT Hugo, *Fable de Venise,* Casterman.
REATO Danilo, *Storia del Carnevale di Venezia,* Administrazione della Provincia di Venezia, 1988.
REGNIER Henri (de), *La Vie vénitienne.*
RUDEL Jean, *Venise,* PUF, 1965.
RUSKIN John, *Les Pierres de Venise,* 1851-1853.
SAND George, *Les Maîtres mosaïstes.*
SAVELLA Alexandre, *Le Carnaval de Venise,* Amilcare Pizzi, 1986.
STEER John, *La Peinture vénitienne,* Thames et Hudson, 1990.
SUARES André, *Le Voyage du condottiere,* 1910-1932.
SUITNER NICOLINI Gianna, *Vénétie romane,* Zodiaque, 1991.
TAINE Hippolyte, *A Venise.*
VITOUX Frédéric et DARBLAY Jérôme, *L'Art de vivre à Venise,* Flammarion, 1990.
VITTORIA Eugenio, *Le Strane pietre di Venezia,* Evi, 1979.
ZORZI Alvise, *La République du Lion,* Perrin, 1988.
ZORZI Alvise, *Venise, une Cité, une République, un Empire,* Nathan, 1980.
COLLECTIF, *Morfologia storica della laguna di Venezia,* Arsenale, 1988.
COLLECTIF, *Venise,* Guides Bleus Hachette, 1990.
COLLECTIF, *Venise,* Guides Gallimard, 1992.
Venise restaurée, Unesco.

DU MÊME AUTEUR

Marie Dubas, Candeau-Garnier, 1980.
Le chat dans la tradition spirituelle, Editions Judith Henry, 1984.
Chat noir, miroir des songes, Editions Judith Henry, 1986 (prix littéraire de la S.P.A. 1986).
Un tube, une histoire, Editions Filipacchi, 1987.
Les chats de la Sérénissime, Editions Judith Henry, 1987 (prix Hélène Angeletti du conte fantastique 1988).
Histoire des chats, de Moncrif, Préfaces et notes, Editions Pardès, 1988 (prix du Cat-club 1990).
Normandie, Nathan-Editions de La Martinière, 1989.
Chats de Venise, Casterman, 1991 (prix Fernand Méry du livre animalier 1991).
Histoire secrète du chat, Casterman, 1993.
La clef des chats, Au Chat-mage, 1993.
Lagune vénitienne, Casterman, 1995 (à paraître).

S. Nicolas de Lido.
Nacelle.
BUCENTAURE.
ndole de
bassadeur de
l'Empereur.
te des Poueglioti
te du Fermier des
Nicolotti
Gondole du Nonce du Pape
Gondole de l'Ambassadeur de
France.
Pinasse
Fuste en Mer